如何成为
一名很厉害的
培训师

王鹏程 著

机械工业出版社
CHINA MACHINE PRESS

本书讲解了优秀培训师必备的基本技能，重点突出了"左脑"和"右脑"结合，打造完美培训课程的理念。书中还介绍了培训行业的基本状况以及培训师的生存、成长之道。本书语言风趣，阅读时会有亲临老师精彩课堂的感受。培训师和授课人员可从中获得大量对工作非常有益的干货。

图书在版编目（CIP）数据

如何成为一名很厉害的培训师/ 王鹏程 著. —北京：机械工业出版社，2020.4（2023.6重印）
ISBN 978-7-111-65396-7

Ⅰ.①如… Ⅱ.①王… Ⅲ.①职业培训 Ⅳ.①C975

中国版本图书馆 CIP 数据核字（2020）第 064341 号

机械工业出版社（北京市百万庄大街22号 邮政编码100037）
策划编辑：梁一鹏　　　　责任编辑：梁一鹏　刘 岚
责任校对：李 伟　王明欣　责任印制：刘 媛
涿州市京南印刷厂印刷
2023年6月第1版·第3次印刷
145mm×210mm·8印张·158千字
标准书号：ISBN 978-7-111-65396-7
定价：59.80元

电话服务　　　　　　　　网络服务
客服电话：010-88361066　机 工 官 网：www.cmpbook.com
　　　　　010-88379833　机 工 官 博：weibo.com/cmp1952
　　　　　010-68326294　金 书 网：www.golden-book.com
封底无防伪标均为盗版　　机工教育服务网：www.cmpedu.com

推荐序

永远向有结果的人学习

《中国培训》杂志主办的"我是好讲师"大赛,已经走过了七年。在这七年里,一共有 13 万多名选手报名参加,在好讲师大赛这个舞台上绽放光彩。

而在选手的背后,有很多默默付出的导师。他们出谋划策,精心帮助选手打磨课件。正是他们的辅导,才让选手从优秀走向了卓越。

王鹏程老师,就是导师中的一位。

2017 年,鹏程老师第一次参与大赛,他辅导的参赛选手张家瑞拿到了"金科奖"冠军。2019 年,他的导师组又辅导出了冠军吴强、季军薛晨菁,他也当之无愧获得了组委会颁发的"冠军导师"奖项。

我们都很佩服鹏程老师的辅导能力,而通读完《如何成为一名很厉害的培训师》之后,我终于明白,他掌握了培训这件事情的底层逻辑。

在好讲师大赛中,有一类选手的课程逻辑性特别强,内容里干货特别多,可是听起来不够生动,比较枯燥;另一类选手讲演生动活泼,演绎能力超强,可是课程逻辑有问题,经不起推敲。而那些最后脱颖而出的选手,一定是逻辑性强,表达又生动的。

在本书中,鹏程老师把完美课程定义为:左脑+右脑。我们不是第一次听到这样的说法,可从来没有一本书,会把这两个概念深入地与培训连接,阐释得这么清楚。

在左脑部分,鹏程老师非常强调逻辑,他介绍的几种课程设计思路,简单明了,一学就会,可以帮助学员迅速构建出自己的课程框架。当思路清晰了,听众才会跟得上讲师的节奏,更容易接纳和被说服。

在右脑部分,鹏程老师花了大量笔墨,写了怎么讲故事、说金句、用幽默。"授人以鱼,不如授人以渔",他不仅仅讲了这几方面的重要性,而且讲了怎么做到。尤其是讲故事的部分,他提供的 SCORE 模型非常经典,一下子就呈现出了讲故事的逻辑。而针对怎么把故事讲出画面感,这个让很多人头疼的问题,鹏程老师提供的"用动词"等方法的确有用,瞬间就可以让故事有画面感和代入感。

本书最大的创见,是关于模型的部分。模型不但能够清晰展示左脑的逻辑,而且运用了图形、图像、符号,同时结合了右脑的画面感。在书里,鹏程老师详细剖析了在好讲师大赛中胜出选手的课程模型,其中有很多都是他参与创造的。他还从专业角度,分析了高效能人士的 7 个习惯、情境领导等经典培训模型。

他将底层逻辑毫无保留地揭示出来,供培训同道参考,充分展现了鹏程老师开放和包容的心态。培训师是一个有情怀的职业，能够用自己的知识，影响到更多的人，这是我们大家希望看到的。

"我是好讲师"大赛走过了七年，之所以有越来越多的人参与，除了赛制的公平、公正、公开，还有很重要的一点是，我们有像鹏程老师这样热爱培训、乐于分享、追求结果的人不断加入平台担任导师。我们永远要向有结果的人学习，因为结果不会撒谎。

衷心希望"我是好讲师"大赛的选手们，以及其他培训师，能够从这本书里受益。希望各位能不断成长，不断超越自己，最终都能成为一名厉害的培训师。

——中国培训杂志社社长　宋佳聪

序 言

如何成为一名很厉害的培训师

作为一名讲了 18 年课的老培训师，我经常会被小白培训师问到这样一个问题："鹏程老师，您在业内很知名了，而且参与辅导出了 2017—2019 年三届'我是好讲师'大赛的总冠军，我们怎么能像您一样，成为一名很厉害的培训师呢？"

经常被提问，于是我花了些时间，去研究周围那些厉害的培训师朋友，也结合自己的体会，总结出了一些经验。现在从个人和环境两个角度分享一下。

一个人，无论做哪个专业，决定他是否厉害的因素，就这三个：知识、技能、态度。在本专业积累丰富的知识，不断精进技能，在正确的态度指引下做事。

所谓的知识，不是指肤浅的知识。我们一定要知道本专业最底层的逻辑，最最底层的逻辑。比如说对于培训师而言，我们一定要知道：什么是好的培训。

对什么是好的培训，可能每个人想法不同。我的理解是，只有左脑和右脑完美结合的培训，才是好的培训。

我们在设计课程时，首先要注重内容、逻辑、结构，这是人的左脑关注的部分，也就是听众听完你的培训，他收获到的知识点、干货。

我在辅导选手去参加比赛的时候，首先做的就是，帮他捋一捋逻辑，看看他的逻辑严谨不严谨，有没有干货。但是如果培训只有逻辑，又会让人觉得特别乏味。如果讲课老师的知识底蕴丰富，讲的是干货内容，但很枯燥，也会让人听得昏昏欲睡。

我把只有左脑的培训，比喻成一个瘦弱、干瘪的人，骨架、内涵是有的，但无法引起听众听下去的欲望。

培训中，你在构建了左脑的逻辑之后，就要考虑右脑的部分了。

左脑主要是讲内容，那右脑该怎么演绎？右脑是关于图像、感觉、画面、情绪的。所以我们会看到一些特别赞的培训师，有的在培训的时候会用到视频，有的培训师特别擅长讲生动的故事，还有的培训师擅长用幽默和金句，这些都算是右脑部分。

但右脑不能使用过多，它是用来辅助左脑的。太多了就华而不实，心灵鸡汤味道太浓。

我把只用右脑的培训师，比喻为有靓丽外表，但没有内涵的人。虽然外表吸引眼球，但听众听了之后，只有感官刺激，什么收获也没带走。

不管是 10 分钟的微课、半天的培训还是两天的培训，我们做的就是让左右脑平衡和完美结合，这才是培训最底层的逻辑。

所以当一个弟子来找我的时候，我一看他的培训，我说："你这个左脑不行啊，我们来一起捋捋结构，把框架梳理一下。"然后另外一个弟子来，我说："你这个右脑不行啊，我们要不要加个故事，来段金句，弄段排比，做个游戏。"

一个好的培训或者一个好的演讲，底层逻辑就是左脑和右脑结合。

读到这里，我相信大家，不管你现在培训做得好不好，掌握培训的底层逻辑，至少你可以去挑别人的毛病了。

如果这个人讲一段，你说这个人左脑不行啊，讲得缺少内容；然后那个人上来讲一段，你说右脑不行啊，讲得太枯燥；第三个上来讲一段，你说左脑右脑都不行啊，讲得既没内容还很枯燥。

这就是知识层面，培训师要掌握的底层逻辑，这非常非常重要。

有一艘游轮，经过很多天的航行，在一个港口停泊，要做一些补给，买一些淡水、食品。完成补给之后，要离开这个港口的时候，船长发现游轮启动不了了，发动机不管怎样都启动不了了。机械师和维修人员检查、修理了一天，这个游轮始终发动不了，他们只有向当地人求助。当地人就给游轮船长推荐了一位经验很丰富的老师傅。老师傅来到了船上，只见他干干瘦瘦，穿着一身绿色军装，洗得已发白，腰上挎了一个绿色的军包。

老师傅到船上之后，从包里拿出一把小锤子，在发动机上东敲敲，西敲敲。在某一个位置他停了下来，然后认真敲了几下，把耳朵贴上去听了听，之后从他包里拿出一个配件，把这个配件轻轻拧在某个位置。他跟船长说："你可以试着启动一下了"。当船长的手下启动发动机的时候，发动机轰的一声就启动了。

船长特别开心问："老师傅，您想要多少报酬啊？"这个老师傅伸出两根手指。

船长说："20美金吗？"老师傅摇了摇头。

船长说："难道是200美金？"那个老师傅又摇了摇头。

船长说："你不是想朝我们要2000美金吧？"老师傅点了点头。

船长怒道："你就花了三五分钟，拿着小锤敲了敲，安了这么小一个配件，你凭什么朝我们要2000美金？"

老师傅说："其实这个配件只值5美金，而知道用锤子在哪里敲，却值1995美金。"

这就是知识的力量。想成为厉害的培训师，首先要弄清楚这个专业里面最底层的逻辑，这样我们在未来，才知道向哪里发力。

每次设计课程，我们都要反躬自省：我这课程的左脑右脑平衡不平衡，缺哪个脑，补哪个脑。

讲完了知识，接下来该讲什么了呢？接下来讲技能。

送给大家一段话：

低级的欲望，靠放纵可以满足；

高级的欲望,靠自律可以满足;
顶级的欲望,靠煎熬才能满足。

注意,我开始用右脑了,这是金句,哈哈哈。

如果你想成为一名很厉害的培训师,就得花大量时间去练习授课。培训,是一门技能,技能就一定要练习,没有什么样的技能只了解一些知识就可以了。知道了左脑右脑结合有什么用,还只是纸上谈兵。

低级的欲望,通过放纵就可以满足,比如说我们的口腹之欲,我们只需要通过吃喝玩乐就可以满足了。而一些比较高级的欲望,像女人的年龄成谜、身材无敌,还有男人怎么样保持在 40 岁之后不油腻,这些就是要靠自律了。

人 30 岁以前的长相是靠父母,30 岁之后的长相靠自己;成为帅哥美女靠基因,如果想成为男神女神,那就要靠自律。

而想成为很厉害的培训师,这是顶级欲望,得靠煎熬。

厉害的培训师都是煎熬出来的,十年磨一剑,怎么也得需要十年时间磨炼。人前的我们,西装革履,侃侃而谈;而人后的我们,披星戴月,和家人聚少离多。

我们的收入是按天计算课酬的,我们要常常出去讲课,不出去讲课就没有收入。现在我们家无论买一件什么东西,我都要计算一下,这个我要出去讲几天课。

有一天晚上,我老婆拿着手机凑过来,她跟我说:"老公,我看上了一款镯子。"

我看了下那个价格，咬着牙说："我要出去一周了。"

第二天晚上睡觉的时候，她又把手机拿过来说："老公，你看咱儿子都三岁了，马上要上小学了，咱是不是要给他买个学区房？你看看这个房子怎么样？"

我接过她手机，看了看房子价格，咬着牙说："我要出去一年了。"

然后我问她："老婆，你要不要做一个选择题，在学区房和老公出去一年之间，做一个选择。"

我老婆听后，不好意思地说："啊哈哈，老公，你怎么能这么说呢？学区房怎么能和你比较呢？我要学区房！"

我抖的这个包袱，用的是右脑，幽默的手段，神转折。我前面铺垫了一下，突然抖出一个"我要学区房"，让你们预料不到。关于右脑的幽默，在本书的第二章，会深入阐述。

不管怎样，我想说的是培训师要么在讲课，要么在去讲课的路上，不容易，很煎熬。

我在2016年创立了"鹏程管理学院"，现在鹏程管理学院有近700名弟子，应该是国内社群领域，发展很迅速的。其实一路走来我是蛮煎熬的，因为我承诺给每一个弟子做一对一的咨询，如果有时间就做一对一的面谈，如果没有时间就通过电话或者微信的形式交流。那这样下来导致一个什么结果呢？

每次去讲线下课，讲两天课，中午我是没有休息时间的，都要接见弟子。两天课下来，学员们走了，外面还排了五六个弟子要见我。所以尽管讲了两天课，我还要花更多的时间精力去陪伴弟子。这个其实很煎熬，不容易。

而且这些弟子特别不省心，可能我提供的环境很安全，放松，他们跟我面谈的时候一谈就哭，哭得那个伤心啊，无论男弟子还是女弟子，都哭。那我就需要以更高的能量去面对他们，要去消化他们相对负面的能量，而且要在短时间内搜索枯肠，绞尽脑汁去给建议。

但是我们要面对的就是这样的事情，谁让我搞了一个愿景呢？要在我成为照片，被挂在墙上那一天之前，收3000个弟子。这是我的愿景，就要靠煎熬来完成。

如果你想做一个平凡人，你只需要承受平凡人所需要承受的压力就好了。如果你想成就一番事业，想成为一个很厉害的人，你就要忍受别人忍受不了的煎熬和痛苦。

这是我讲的技能，技能是需要时间来磨炼的。

那么，掌握了培训师相关的知识和技能，就能成为一名很厉害的培训师了吗？不一定。

选择把培训知识和技能放在哪一个领域和主题上，非常非常重要。接下来我们看一张图，这是我很喜欢的一张图：

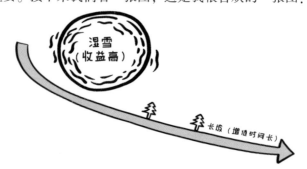

序言
如何成为一名很厉害的培训师

这是在巴菲特的一本书里看到的,这本书叫《滚雪球》。

我是东北人,出生在黑龙江。小的时候,在下雪的时候,大家经常滚雪球。但这个雪球如果想滚得越来越大,它有两个条件:第一,最开始你要有足够的雪量,雪量足够大,这个时候你可以迅速做成一个雪球。第二,这个雪球能滚多大,也取决于这个坡道的长短。这个雪球想滚得更大,就需要很长的坡道。

所以,我建议,当我们丰富知识和磨炼技能的时候,需要选好一个赛道,就是要把这些东西放到哪里去用。培训的主题和领域的选择很重要。

比如说,我的弟子张家瑞,2017年好讲师大赛的冠军,目前聚焦在商务演讲这个主题上。他选择了一个有需求的赛道,因为商务演讲这件事情是刚需,职场人士都需要,可以把"雪球"做起来。而且这个赛道,客户是源源不断的,"坡道"足够长,因为职场会有源源不断的需求。

所以作为培训师,要看你开发的课程,是不是在瞬间能够吸引足够的客户,让你挺过去;然后看未来有没有新的客户产生。有客户,并且有源源不断的客户,才是我们可以投注知识和技能的领域。

最后我讲一下态度,关于能否成为一名很厉害的培训师,有一个态度分享给读者。

商业社会不是等价交换。

提供的社会价值，大于所得，

才是个人或组织永续发展的秘诀。

培训师是一个有情怀的职业，我们不能唯利是图，要努力让自己提供的价值，大于我们的所得。举例来说，我2016年创立了鹏程管理学院，当初弟子的拜师费只有2000块钱，最近才涨到了4980元。

这4980元，第一，可以跟我学一生，我所有的线上线下课都可以免费上；第二，我每年会花十几万元请某个领域特级培训师给弟子们上课，弟子们都是免费上；第三，我为弟子提供一对一的辅导和支持，随时可以找我。

我提供的社会价值，远远大于他们的付出。所以我坚信，"鹏程管理学院"会蓬勃发展，在我离开人世的那一天，3000弟子应该是没问题的，那就是因为我早就看到，个人或者商业组织提供的商业价值要远远大于你的所得，这才是能够永续经营和基业长青的秘诀。

以上，我讲了三点：知识、技能、态度，这都是关于个人如何努力的范畴。

最后想说，要想成为很厉害的培训师，就要靠近很厉害的培训师。

如果你想成为光，你就去靠近光；如果你想成为很厉害的人，你就靠近很厉害的人！

最后分享一个故事，这是2019年我听到的最好的故事了，

序言
如何成为一名很厉害的培训师

我用右脑,讲故事的形式,来结束这篇序言。

我有个邻居,别人的嗜好是养花、养草、养鱼,他养蚯蚓。他特别喜欢养蚯蚓,养了一段时间之后,发现他的蚯蚓始终长不大,不管怎么样喂饲料,怎么照料,就只能长到小拇指那么粗,15厘米这么长。他就苦苦地在网上搜索有没有养大蚯蚓的秘诀。

功夫不负有心人,有一天他在网上就找到了,有一家卖养大蚯蚓的秘诀。他就下了单、花了钱,两天之后他收到一个快递,他打开一看呢,是一盒大蚯蚓。就是大拇指粗,30厘米长的蚯蚓,他觉得商家肯定发快递发错了,他就在网上问那个商家:

"我是想找养大蚯蚓的秘诀,不是要大蚯蚓!"他让商家退款。

商家说:"我们是不退款的。你试着把你那些小蚯蚓和这些大蚯蚓放在一个盒里去养,过一段时间你看看。"

他觉得很无奈,只好把他的那些15厘米长、小拇指粗的蚯蚓放到了30厘米长、大拇指粗的蚯蚓群里去养。咦,过一段时间,他突然发现他以前的蚯蚓长大了!

15厘米的蚯蚓真的长到了30厘米,小拇指粗的蚯蚓真的长到了大拇指粗。原因是什么?不仅人是受环境影响的,蚯蚓也受环境影响。环境改变了蚯蚓的认知,在原来的圈子里,"我们蚯蚓就能长这么大,那我长这么大就可以了"。

当它到达一个更大的圈子之后,到新的圈子里,认知改变了,"啊,原来蚯蚓可以长这么大啊,原来这才是优秀的标准,那我是不是也可以长到这么大呢?"

所以我强烈地建议大家,打破你们的舒适区域,到更优秀的、更卓越的圈子里去认识更厉害的人,你会知道:"啊,原来这才是优秀的标准,原来人们是可以这样的,那我也可以这样!"

感谢你翻开这本书,读完这篇序言。

请你继续往下读,让我们一起上路,成为一名很厉害的培训师。

王鹏程

目 录

推荐序　永远向有结果的人学习
序言　如何成为一名很厉害的培训师

第一章　左脑——底层逻辑，模型制胜　　　／001
　　第一节　课程设计的四个步骤　　　／002
　　第二节　模型的力量——培训恒久远，模型永流传　　　／016
　　第三节　解构"我是好讲师"冠军、季军参赛模型　　　／021
　　第四节　如何构建模型　　　／027
　　第五节　经典培训模型赏析——高效能人士的7个习惯　　　／040
　　第六节　经典培训模型赏析——情境领导　　　／048
　　第七节　八种经典授课方式　　　／057
　　第八节　培训师圣经　　　／079

第二章　右脑——精彩演绎，锦上添花　　　／087
　　第一节　成为讲故事的高手　　　／088
　　第二节　故事的高级形式：隐喻故事　　　／101
　　第三节　金句，适当给课程熬点儿心灵鸡汤　　　／105
　　第四节　幽默的四种方式　　　／113
　　第五节　精彩的开场　　　／126

　　　　第六节　回味无穷的结尾　　　　　　　　　　/ 137

第三章　培训中要注意的几件事情　　　　　　　　/ 147
　　　　第一节　PPT 设计的两大原则　　　　　　　　/ 148
　　　　第二节　培训的四个原则　　　　　　　　　　/ 157
　　　　第三节　克服紧张　　　　　　　　　　　　　/ 167

第四章　十分钟培训大赛胜出秘籍　　　　　　　　/ 177
　　　　第一节　要玩，先搞清规则　　　　　　　　　/ 179
　　　　第二节　比赛胜出的四条秘籍　　　　　　　　/ 195

第五章　培训行业那些事儿　　　　　　　　　　　/ 207
　　　　第一节　如何成为培训师　　　　　　　　　　/ 208
　　　　第二节　培训师可以赚多少钱　　　　　　　　/ 214
　　　　第三节　什么样的培训比较赚钱　　　　　　　/ 218
　　　　第四节　培训师如何做到年薪百万　　　　　　/ 228

跋　　三个一，助力培训师快速成长　　　　　　　/ 233
参考文献　　　　　　　　　　　　　　　　　　　/ 238

左脑 —— 底层逻辑，模型制胜

在序言中,我曾经写到,一个好的培训,是左脑和右脑的平衡和完美结合。

本章我们先探讨左脑——如何构建培训内容的逻辑和模型。本章最重要的内容是关于模型的构建。是否有模型,是区分一般课程和优秀课程的核心标准。

第一节
课程设计的四个步骤

一般来说,接到一个课程需求,在确定了培训目标之后,我们会遵循搜集信息、搭建逻辑线、组织要点、工具方法四个步骤来设计课程。

一、搜集信息

1. 学员信息

学员信息主要包括:多少人参加,对该主题熟悉程度,彼此之间是否熟悉;是自愿报名参加,还是被单位指派参加;工

第一章
左脑——底层逻辑，模型制胜

作内容，学员以及上司的期待；年龄、性别比例、学历水平、工作经验，等等。

了解学习者信息，十分重要。这决定着我们设计课程内容的深浅，以及每一部分的授课方式。

讲课这么多年，我极少收到学员和客户的负面反馈。而2018年，给北京某区社保局讲授我的版权课职场幸福课时，我遭受了挺大打击。

当时要连续给该社保局的公务员上四天课，一共四批学员。第一天课后的晚上8点多钟，我正在酒店休息，该局人事负责人敲我的门。

开门之后，她不好意思地和我说："王老师，您的课讲得不错。但根据学员的反馈，我能给您提个意见吗？"

我说："当然可以。"

她说："您明天讲课时候，小组讨论的部分，能不能压缩一下时间？您每次讨论，都给学员八分钟时间，大家觉得您是没有什么东西可讲，在拖时间。"

我："……"

这是我始料未及的，同样的讨论内容，在外企、私企，甚至国企讲课时，八分钟都不够用。可是客户提出了这样的要求，讲师必须满足。

我回答："好的，好的，明天我调整。"

第二天，遇到讨论环节，我就只给学员留两分钟的时间，多余的时间，我都用视频、故事、段子来演绎。课堂气氛活跃,欢声笑语,课后的学员评价很高。

这给我们的启示是:课前要根据企业性质,学员的特点,有针对性地调整授课方式。

2. 内容信息

内容信息主要包括:实用理论、相关案例;引经据典、数据参数;图示照片、影像音乐;游戏测试、故事哲理,等等。

信息来源的渠道有:图书馆、互联网;公司资料、同事和员工的记录;研讨交流会;同行互换。

现在是信息高度透明的时代,无论你是企业内训师,还是自由讲师,什么课程都不要闭门造车从零开始自己弄。

我清晰地记得,在第二家公司工作的时候,刚刚入职不久,老板就要求我这个培训主管来设计价值观培训,要对企业2000多员工全员开讲。

我作为一个新人,对新公司价值观毫无了解,就吭哧吭哧开始做课件,弄了一个多月,也没有让自己满意的进展。偶然一天,我在翻阅前任留给我的电脑文件夹时,发现了他做的价值观课件,几乎已经成型!后来我仅仅优化了一下,加上了我的一些思路,不到一周,就搞定了这个课程设计。

接到这个任务时,我完全不应该一头扎进去,该联系下前任啊!虽然他离开了公司,但我有联系方式,一个电话就可以问到有没有资料可以参考。

企业内训师,在做课程的时候,务必寻求同事的帮助。你要相信，除非你设计的是公司从未有人讲过的全新课程，否则一定有人做过一些东西。

即使内部没有人搞过，就上网去搜。网上有太多太多课件可以参考了。太阳底下没有新鲜事，你思考的主题，前人一定思考过。

而对于自由讲师，可以多参加各种培训师沙龙。同行互换，是十分有效的资料获得方式。

现在我创立的鹏程管理学院，有600多弟子，其中有很多是培训师。无论任何培训主题，只要在群里提出需求，一定会有同门分享PPT出来。只有你想不到，没有大家提供不了的。

在搜集课程内容信息时，尽量找到信息的源头、时间、数据等等，尽量做到精确。

比如在我的版权课职场幸福课里会讲DISC行为风格，介绍该理论提出者威廉·马斯顿时，我会说他是哈佛大学心理学博士、法学博士，1928年出版了第一本书《常人之情绪》，在全球范围内首次提出DISC理论。1938年，他出版了第二本书《测谎仪测试》，是测谎仪之父。1941年，画了漫画，创造了神奇女侠这个形象。

年份准确，书名正确，学员会感知到你的专业。如果泛泛地说他首先提出了DISC理论，发明了测谎仪，创造了神奇女侠，就没有力量。

再比如，讲到 DISC 四种风格的行为特征时，我会用《三国演义》中的人物来诠释。比如张飞是 D（支配性）、诸葛亮是 C（服从性）。我会说《三国演义》第几回，诸葛亮做了什么什么事，体现出了明显的 C（服从性）特质。

职场幸福课是版权课，我授证了很多讲师。前几天，我沈阳的一个弟子，到一家公司去讲这个课程，课后得到了极高评价，她把一个学员的反馈截屏发给了我。

学员原话是："哇，今天的老师太厉害了。很少听到女老师讲三国，她讲得惟妙惟肖，极其生动。而且，第几回都知道，真是了不起！"

哈哈哈，我这个女弟子，连《三国演义》都没读过！她不过是把讲师手册里我备注的内容，统统背会了。用精确的章回数，征服了学员。

实话实说，当我们培训师设计完一门课程，虽然有时候会和客户说，根据前期的沟通和调研，课程是专门为他们量身定制的，其实，在不同的客户那里，课程的核心内容，都不会改变。

那怎么调整内容，让学员感觉到连接呢？有两个建议可以给你参考。

第一，搜集客户信息，和课程内容有机连接。

在我的版权课职场幸福课里，有关于思维模式的内容。每个人的思维模式都不同，但不管想法多么特立独行，必须符合那些共同价值，也就是放之四海而皆准的道德法则，比如正直、诚信、公平、善良、勤奋。

在京东讲课时,课前我搜索了京东的企业文化。现在京东提倡"T型文化",T下面这一竖,指"正道成功"。上面的横,左面指"客户为先",右面指"只做第一"。我和学员讲,京东把"正道成功"作为企业文化的基础,"正道"指的就是那些共同价值,即道德法则,学员十分认同。

而到了链家地产,我就举链家创始人左晖的例子。地产行业,最初你去门店买房的时候,广告上的房源有真有假。销售人员用低价的,根本不存在的假房源吸引你进门店,这是业内潜行规。

而2008年,链家率先提出"真房源"概念,也就是保证链家地产门店列出的房源绝对是真的。开始的两个月,链家成交额大幅下降,销售人员收入受到很大影响,一时间怨声载道。而两个月之后,成交额迅速回升。链家用符合共同价值的诚信、正直,赢得了客户的信任。这为链家后来成为房产销售行业第一名奠定了良好基础。

我讲到这里时,链家学员频频点头,觉得这个老师好厉害,对链家的历史了解得这么深入。

其实我只是授课的前两天,在网上搜索了相关内容。

第二,根据授课城市和学员特点,用辅助方式产生连接。

如果课程内容无法和具体客户产生连接,也不妨用内容之外的,其他辅助方式拉近和学员的距离。

比如到成都讲课,课前或课程中间,我会放歌曲《成都》。到西安讲课，我会放许巍的歌，因为许巍是西安出来的歌手。

学员是70后、80后居多，课间我就放李宗盛、张信哲、周杰伦的歌。如果90后居多，我就放年轻人听的流行歌曲，华晨宇、肖战的歌。虽然我不喜欢，但学员喜欢啊。

二、搭建逻辑线

完成第一步，搜集完学员信息和内容信息，我们就可以搭建课程的逻辑线了。这就像有了一颗颗珍珠，我们要找一条线，把它们穿起来。

不过要声明，第一步搜集信息和第二步搭建逻辑线，不是必然的先后顺序。如果开始你已经想好了课程逻辑，先有了线，可以再去搜集需要的内容信息。如果头脑里没有课程逻辑，就先找到珍珠，再设计线。

常见的课程逻辑有以下三种方式。

1. 时间线或事务的先后顺序

比如我在第一家公司时，曾经给混凝土搅拌员做过混凝土搅拌的流程培训，就是按照开机（操作哪些按钮、观察操作台哪些指示灯）、搅拌（按照配比，往搅拌罐里配多少砂子、水泥、添加剂）、卸车（操作哪些按钮，往运输车里倾倒混凝土）三个步骤来做的。

再比如我的两天版TTT培训，见下图，就是按照讲课的先后顺序做的：培训准备（课程设计、课前准备、视觉辅助）、培训过程（放松和控制紧张、开场白、关键原则/肢体语言）、培训跟踪（结束语、行动计划、培训评估）三个步骤。

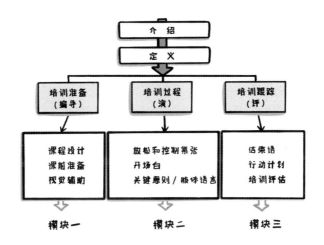

2. 空间线，即从大到小

比如做新员工培训，如果你们公司是跨国公司，就可以按照总部、中国区、你们公司，这种从大到小的逻辑关系，逐级展开。

3. 分类

这也是培训很常用的一种逻辑线，即找到该主题最核心的几个要素，分别展开。

比如讲新员工快速适应职场，不妨从知识、技能、态度三个方面展开。新员工需要掌握什么知识，如产品知识、组织架构等；要具备什么技能，如岗位操作技能、Office 软件操作技巧等等；要拥有什么态度，如践行企业核心价值观等等。

再比如讲一个新产品，可以从涉及的人、才、物三个角度讲解。

当一个主题，不符合某一步骤、流程、时间线时，就可以使用分类这种方式。

这就是逻辑线，一般你的培训课程，能搭建出清晰的逻辑线，听众就能跟上你的节奏，不至于头脑混乱了。

当然，光有逻辑线还不行，最佳的课程逻辑是能构建出模型，这是我这本书，和市面上你能读到的其他培训主题的书，最大的区别了。这个我会在下一节进行更为深入细致的讲解。

三、组织要点

有了逻辑线，也就是课程框架之后，我们就可以进一步细化，确定每一个部分要讲哪些要点，也就是知识点。

拿上面一张图片，也就是我的 TTT 课程大纲为例。培训准备——培训过程——培训跟踪，就是我的逻辑线，按培训流程的先后顺序搭建的。在每一部分里面要讲的具体内容，就是要点。比如"培训准备"这部分,我就会讲到"课程设计""课前准备""视觉辅助"三个要点。

在组织要点这个步骤,需要注意以下两点:

1. 每一部分的要点之间,也要注意逻辑关系

我们不能想到什么讲什么,要点之间也要按照时间先后、从大到小、分类等逻辑关系安排,不能一盘散沙,随意堆砌。

2. 重点突出,取舍有道

不能在每个要点的讲解上,花费同样的时间,要突出重点。

同时,不要试图讲太多要点。我总是提倡,一个培训师,不要在课堂上讲太多的知识点,而要在有限的时间内,将有限的知识点讲深、讲透。如果堆砌太多知识点,每一个都是蜻蜓点水,学员的感受不会太好。

对于第二步搭建逻辑线和第三步组织要点,推荐大家用一个工具去做,那就是思维导图。思维导图可以手绘,也可以下载软件用电脑绘制,比如 MindManager 和 XMind,前者花钱,后者免费。

思维导图非常适合做课程设计,提前勾勒出课程的总体逻辑框架和要点。

我拿经典培训课程关键对话为例,用思维导图解构一下它的核心逻辑。

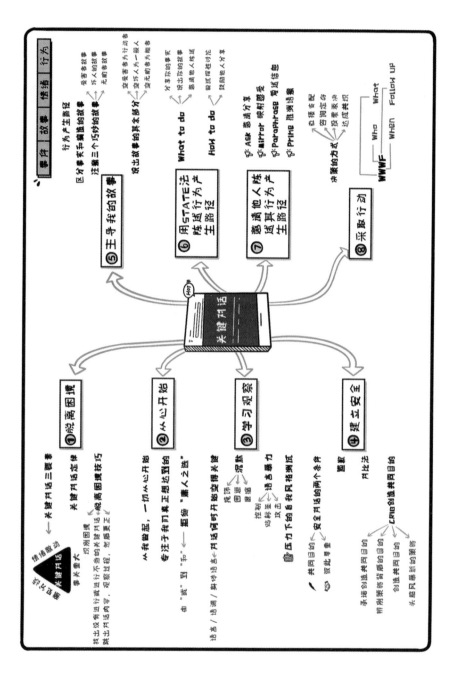

导图中中间部分那本书，就是《关键对话》，有兴趣可以在网上买到，这是一本经典的冲突管理方面的书籍。同时也是一门课程，导图根目录，从"①脱离困境"到"⑧采取行动"，就是课程的逻辑线。而二级目录，比如"脱离困境"下面的"关键对话三要素""关键对话定律""脱离困境技巧"，就是要点，也就是在这个部分，要讲解的知识点。

思维导图在手，搭建逻辑线、组织要点全都有。它是值得研究和学习的一门工具。

它不仅仅可以用来做课程设计，如果讲师可以用导图画出自己课程的核心内容，印在脑海里，那么讲课时，遇到投影仪坏掉、电脑失灵等意外状况，会毫不慌张，拿支白板笔，在白板或大白纸上，就可以边画边讲了。

这就达到了武林高手，"手中无剑，心中有剑"的境界。

四、工具方法

至此，一门课程，完成了前三个步骤：搜集了足够的学员和内容信息、搭建了清晰的逻辑线、组织了将要讲到的要点。

那么，这些内容，要如何演绎和呈现呢？这就到了课程设计的最后一步：工具方法，也就是用什么方式去传递和演绎内容。

总体来说，授课方法分为以下四大类：

1. 课堂培训

课堂培训有：讲授法；多媒体教学法；情境化教学；

E-learning；测试。

2. 启智培训

启智培训有：经营模拟；实战模拟；沙盘模拟；案例分析；演练、演示；研讨、辩论；引导式讨论；游戏。

3. 体验式培训

体验式培训有：参观访问；团队训练；野外拓展；小组竞赛；角色扮演。

4. 思维创新培训

思维创新培训有：头脑风暴；六项思考帽。

一个成熟的培训师，应该学会针对不同类型的培训，选择适合的授课方式来演绎，才能达到培训效果。

根据培训主题的特点，我们一般把培训分为三大类：

第一，知识类。比如企业内部 ISO 质量体系、安全法规等等。这类培训，适合用讲授法进行，但一定要配合使用学员手册或各种形式的小卡片，供学员后期回顾，否则学完很容易忘记。同时，培训完要以提问，或者笔试等形式进行测验，以确定培训目标是否达到。

第二，技能类。比如企业里的销售技巧、培训师培训、机器操作、办公软件等等。这类培训，必须使用练习法，让学员实际操练。这也就是为什么，在有些 TTT 培训里，讲师会让助理在后面录制视频，录下学员演练的过程。没有练习，一切技能类的培训,都不会产生效果。

第三,态度类。比如企业价值观、职场阳光心态,还有高效能人士的7个习惯,都偏向这类培训。在讲授这类课程时,一定要给出具体的行为规范,也就是哪些行为符合我们提倡的价值观或态度,否则学员也不知道怎么做,就会假大空。

比如高效能人士的7个习惯这门课,授课之前,我会给参加课程员工的主管发一封邮件,在里面列出哪些行为,是符合这七个习惯的,请主管给其下属进行打分。

课程结束的六个月后,邀请主管再次给下属就这些行为进行打分,看看这段时间里,员工是否有了行为改善。

同时,不同授课方式,会影响学员对课程内容的吸收和记忆,就像下图所体现的一样:

时间或其他条件允许，我们应该采用更有助于学员吸收的方式授课。并且，授课过程中，要不断变换授课方式，一般来说，八分钟就要改变一种方式，即讲授大约八分钟，放一段视频，再做个小组讨论。用形式的不断变换，吸引学员的注意力。

在后面的章节中，我会着重分享八种常用的授课方式。

第二节
模型的力量——培训恒久远，模型永流传

前面谈到课程设计的第二个步骤——搭建逻辑线。一般来说，逻辑线清楚，一个课程就可以及格了。

如果你能在课程的开端，用一个系统的模型，呈现出课程逻辑，你就是课程设计的高手了。

模型是区分一般培训师和优秀培训师的核心要素。

什么是模型呢？我试着下一个定义：模型就是用视觉化的图形、图像，系统地呈现出课程逻辑。

这样说来，有些深奥。举几个例子。

我的朋友古典的新精英生涯教育，有一门两天的职业生涯规划课。课程开篇，就提出了这样一个职业生涯三叶草模型。

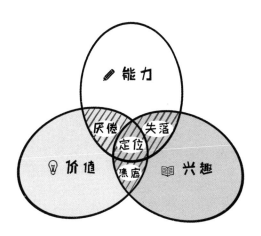

对于职场人士,什么样的职业,是完美的职业呢?那就是处于你的兴趣、能力、价值交界的职业。

兴趣,是你喜欢干什么。

能力,是你能干什么。

价值,就是这份职业能够给你带来价值回报,或者能实现你心中追求的价值。

这三个要素,缺少任何一个,都会产生某种情绪。比如你喜欢做教师,也有能力教好课,但是多年之后同学聚会,看到同学们在商场叱咤风云,赚了好多钱,而你相对清贫,可能会有失落的感觉。(这只是一个庸俗的举例)

你喜欢做培训师,这个职业做得好,成为很厉害的培训师,会拿到较高课酬、日进斗金,并且你还能影响他人的核心价值观。但是,你目前没能力做好,你就会焦虑。

你有能力管理好一家公司,能够兑现社会价值,但对经营没有兴趣,你就会厌倦。

职业生涯规划课开篇,就提出了这个模型,接下来的两天,会分别讲解兴趣、能力、价值三个部分。

兴趣,会讲到霍兰德职业兴趣测试、兴趣星空图、兴趣金字塔;

能力,会讲到能力矩阵、能力三核(知识、技能、才干);

价值,会用十三项核心职业价值观,帮助学员探索职业中他们最看重的价值是什么。

这就是模型,用视觉化的图形、图像,系统呈现出课程逻辑。

再比如,我的两天的版权课——职场幸福课,在开篇,提出了"职场幸福钻石"模型。

如果我们想在职场提升幸福感，就得从四个方面着手：

思维模式：我们幸福不幸福，和自己的想法有很大关系。你觉得自己幸福，你就幸福；你觉得自己悲催，你就悲催。这个模块位于模型的底部，解决的是我和自己的关系，也就是如何让自己的思维、看待世界的想法，更积极和正向。

自我发展：我们都希望能够在职场不断发展，达成自己想要的目标。有的想升职加薪，有的想成为技术专家，有的可能就想如何保住饭碗。这个模块，解决的是我和未来的关系，也就是现状是这样的，未来我如何过得更好。

人际关系：盖洛普公司曾经做过员工离职因素的调查，排在前两位的分别为薪水、上升空间，第三就是人际关系，尤其是和上级的关系。这个模块，解决的是我和他人的关系，如何与老板、同事、利益相关者建立和谐、互利的关系。

工作意义：我相信你会同意，如果你觉得自己的工作，是有意义的，能够对他人和社会产生积极的影响，你就会更幸福。这个模块，解决的是我和世界的关系，如何发现有意义的工作，或者在现有工作中找到意义。

而为什么要把这个模型，叫作钻石模型呢？

在职场里，有一类人，光会做不会说。能力很强，不会表达，不会和领导及同事沟通。我把他们比喻为"闷葫芦"。葫芦，肚子大，有干货；嘴儿小，倒不出。还有一类人，光会说不会做，我把这些人比喻为"绣花枕头"，金玉其外败絮其中。

我是希望职场人士，经过我的课程，能够成为钻石——秀外慧中，内外兼修。钻石的表面，是炫目的、闪亮的、诱人的；而内在，又是坚硬的、丰盈的、充实的。

在职场幸福课的开篇，我就介绍这个钻石模型。接下来，分别从模型的四个组成部分——思维模式、自我发展、人际关系、工作意义——展开。

其实职场幸福课，就是一门职业素养课，但因为这个模型，极大提升了课程的档次，受到了各种类型企业的欢迎。2016年我离开外企出来创业，基本就靠这一门课闯荡江湖了。

为什么有模型，就会提升课程的段位呢？

因为能够创造出模型，意味着培训师，在这个课程主题上，做过深入、系统的思考，并具备高度提炼、整合能力。这不是一般培训师能够做到的。

同时，模型属于图形，图形是激活听众右脑的手段，利于感知、记忆和传播。比如，提到基督教，你会自然想到十字架；提到太极，你就会想到阴阳八卦图；提到佛教，你会想到释迦牟尼像胸前的"万字符"。

读到这里，请你停下来，花两分钟时间，想一想，你知道哪些经典模型？

你会不会想到时间管理的四象限？根据重要性和紧急性两个因素，把所有事务分到四个象限里：重要紧急、重要不紧急、紧急不重要、不重要不紧急。这么多年，培训市场上出现过很多时间管理类培训，但从来没有哪个课程，能够超越时间管理矩阵，这就是模型的力量。

你会不会想到 PDCA 循环？Plan-Do-Check-Act。一个字母组合，就把质量和流程管理，说得明明白白，这就是模型的力量。

你会不会想到马斯洛需求层次金字塔？逐级而上，把人的需求分为生理需求、安全需求、社交需求、尊重需求和自我实现需求。心理学家研究这么多年人的需求，只有马斯洛被记住了，这就是模型的力量。

培训恒久远，模型永流传。

第三节
解构"我是好讲师"冠军、季军参赛模型

光说不练假把式。2017—2019 年"我是好讲师"全国大赛，连续三届的总冠军，我都参与了辅导。现在解构一下 2017 年总冠军张家瑞、2019 年总冠军吴强、季军薛晨菁的参赛模型。

"我是好讲师"全国总决赛的赛制是这样的：第一天比赛，约 10 个赛场，每个赛场 30 名选手同场竞技，每个赛场第一名，进入第二天比赛，角逐总冠军。

2017 年的总决赛，第一天比赛，张家瑞以"SOS，拯救

你的工作"为主题参赛。

其实这个主题，乏善可陈，就是教大家怎么提升工作效率。在10分钟的比赛里，前半部分，张家瑞讲了提升效率的三种方法：逐个处理，即专注，不要同一时间段处理多个任务；离线思考，即用关闭手机等方式去除外部干扰；充足睡眠，即保持良好的作息习惯。

这三点没有什么特别创新之处，但课程结尾的时候，他将这三个观点的英文短语首字母，缩写成了"SOS"，这个模型，正好是求救信号。也就是用SOS模型，来拯救你的工作！该模型立刻升华了整个课程，得到了评委的一致赞誉，他顺利拿到赛场第一，进入了第二天的总冠军争夺赛。

第二天决赛，每个选手要根据头天晚上抽到的主题，在舞台上讲5分钟，不允许用PPT。

张家瑞抽到的题目是"培训师如何提升演绎能力"，这是个很大的主题。比赛过程中，他将大主题聚焦，说道："培训师演绎方式有很多,今天我就和大家谈谈'培训师如何运用好比喻'。"

他讲道:"比喻就是用大家熟知的东西,去描述一个相对难懂的概念,重点是要找到两者的相似点。比如,可以将情人的目光,比喻成秋波;将'我是好讲师'总冠军的金科奖,比喻成电影界的奥斯卡。"虽然没有PPT,但他用自己的描述,构建了下面这样一个模型。

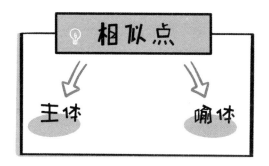

而其他选手,在舞台上,只是用零散、毫无系统和逻辑关系的观点,来支撑自己的主题。不管语言多么华丽,演绎手段多么高超,都经不起评委的斟酌和推敲。

张家瑞顺利胜出,夺得了2017年的总冠军。上网搜索,可观看张家瑞总决赛视频。

我们再来看2019年总冠军吴强的决赛题目"培训师如何塑造个人品牌"。

金科奖总决赛前夜,选手集体聚餐期间,抽到该选题的吴强第一时间找到我。我说:"聚餐后一起撸串,我们边撸串边破题。"

吴强是个特别擅长课程设计的培训师。撸串伊始,他就提出了至关重要的问题:那些拥有个人品牌的培训师,都有什么特点?

我的十几个弟子,以我为模板,七嘴八舌、插科打诨,几杯啤酒下肚,就和吴强总结出了优秀培训师的三个特点:专注、独特、品行端正。

烧烤后回到酒店房间,我俩又做了讨论,基本确认了第二天比赛的逻辑框架。后来他又发动各方力量,咨询了很多老师,最终设计出了下面的"狠独品"三角模型:狠,狠心只做一件事;独,内容独到、风格独特;品,价值利他、成人达己。

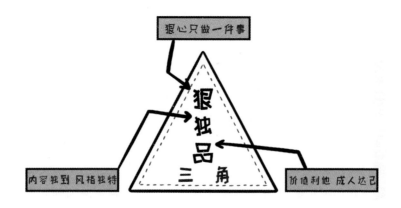

这是个层层递进的三角模型,培训师想要塑造个人品牌,首先要狠心只做一件事,专注在一个主题上,不能什么都讲,

第一章
左脑——底层逻辑，模型制胜

样样通，样样松。这还不够，在专注基础上，得有自己独特的风格。同样都专注在 TTT 这个主题上，为什么客户要选择你的课，而不是其他老师的课，你有什么独到之处？而最终让培训师走得更远，品牌更深入人心的，是成人达己的品德。

这样，课程左脑，也就是模型的部分，就搞定了。决赛当天，吴强又充分发挥了自己幽默、讲故事的能力，调动了右脑部分，一举拿下了总冠军。上网搜索，可观看吴强总决赛视频。

最后，我们来研究 2019 年比赛季军薛晨菁的模型。

冠军吴强的"狠独品"模型已经卓尔不群，而我个人认为，单从模型的角度讲，季军薛晨菁的"高情商"三角模型，更胜一等。

总决赛前夜，辅导完吴强，已经接近半夜十二点，我又开始帮助薛晨菁攻克"如何做一个高情商的职场人"主题。

开始我试图参考丹尼尔·戈尔曼《情商》一书，给题面里的"情商"下个定义，但不得其所，总是不满意。

于是我开始寻求外援，把梁睿老师叫到了房间。梁睿老师功力深厚，2017 年金科奖冠军张家瑞、2018 年金科奖冠军周珂，都曾经得到过梁老师的辅导。一进房间，听到高情商这个主题，梁睿转身就走："我有个选手，也是这个主题，我刚刚辅导完，我不能帮你的选手辅导。"

我死缠烂打申明大义，导师得有大爱云云，梁老师才勉强留下来。

又是绞尽脑汁一个多小时的讨论，梁老师忽然提出："如果情商不好下定义，我们就从题面出发，给高情商下个定义好不好？"一语中的，一语惊醒梦中人，一石激起千层浪。方向有了，我们也就花了 15 分钟，就构建了"高情商"模型。

高，就是高调做事；情，就是情感交流；商，就是商业价值。高调做事，是做事层面；情感交流，是做人层面。做好事，做好人，努力为企业创造价值，同时，职场人自身的价值也就提升了，企业和员工可以做到双赢。

模型构建完成，我和梁睿兴奋不已。这个模型高明之处不仅在于层层递进严丝合缝，而且选手都不用把宽泛话题缩小降维，直接从题目破解，直奔主题。

我和梁睿老师击掌相庆，情不自禁感叹："太优秀了，我们怎么可以这么优秀！"

随之，导师团队里的梦想导师黄芳提出："我们要不要手绘一张模型的海报？金科奖比赛不允许用 PPT，海报可以增加视觉效果。"

我和梁睿老师大加赞许,海报是激活听众右脑的部分。

第二天金科奖总决赛,薛晨菁最后一个出场,完美演绎,夺得了 2019 年"我是好讲师"大赛季军头衔。

这就是模型的力量。培训恒久远,模型永流传。上网搜索,可观看薛晨菁比赛视频。

第四节 如何构建模型

讲了半天模型的力量,那怎么构建课程模型呢?现在,介绍几种构建模型的方法。

一、三角模型:构建核心要素

最常用、最简单的,是三角模型。

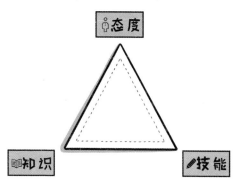

三角模型的三个角上的要素，可以是并列关系，比如我在本书序言中提到的知识、技能、态度模型。

也可以是层层递进关系，比如吴强的"狠独品"模型。培训师要狠狠扎根在一个领域，在此基础上，打造出自己独特的风格。而真正决定培训师能走多远的，是他的品格。

也可以是底角的两个要素，共同托起顶角的要素。比如薛晨菁的"高情商"模型。职场里要"高调做事"。注重与他人的"情感交流"，这一切，都是要为公司创造"商业价值"，为公司创造了价值，自我的价值也提升了。

这三个要素之间，也可以有空间的关系，比如从大到小。

拿上图为例，在职场幸福课里，我讲到了什么样的思维模式是正确的，它需要符合三个要素：共同价值，也就是放之四海而皆准的道德法则，这是从最大的世界的范围讲的。社会大势，即我们要保持开放心态，跟上时代发展的潮流，这是从周边环境角度讲的。期望结果，在和别人互动交流时，要时刻知道自己想要的结果和目标是什么，调整自己的思维和行为，确保目标的实现，这是从个人角度讲的。

这三个要素，就是从大到小，逐级演绎的。也可以反过来，从小到大。比如讲一个新举措的时候，可以从对自己的影响，讲到对对方的影响，最后讲到对大家的影响。

创建三角模型时，要注意的是，三个要素一定是该主题最核心的因素，其中的任何一个，都不能被第四个取代。如果其中任何一个能被随意取代，就说明你列出的三个要素不精准，或者没有清晰的逻辑关系。

二、矩阵模型：用两个要素构建

矩阵模型，是三角模型之外最常用的模型。比如非常经典的时间管理矩阵，时间矩阵就是用重要性和紧急性两个要素，把所有事务，分到四个象限里去。

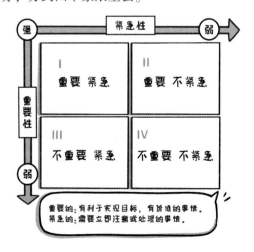

再比如 DISC 行为风格，是按照关注人还是关注事、倾向直接沟通还是倾向间接沟通两个要素，把人的风格区分出四种典型：

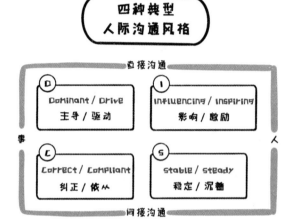

DISC 理论和 MBTI 理论，同根同源，都源于荣格的体系。MBTI 比 DISC 更加精准，因为它把人的行为倾向分成 16 种组合，每种组合四个字母，比如我的 MBTI 类型是 INFP。从全世界范围看，MBTI 采用率最高。大型企业更多选用 MBTI 理论，其次才是 DISC。

但 MBTI 理论太复杂了，16 种组合，不利于记忆。对于非专业人士，你今天给他测评，告诉他四个字母的组合，过两天他就忘了。

而 DISC 理论，因为用矩阵，简单直接对人的风格进行了区分，十分直观，一目了然，大体就四种倾向，利于记忆和传播。在如今这个强调简单快捷的时代里,大有超越 MBTI 理论的趋势。

写到这节时,正好在微信朋友圈看到这样一张图片,就是用了矩阵的手段来甄别培训师的。我们始终在强调,一个好的培训师,是要左脑右脑完美结合的,即内容和形式兼备。根据这两个要素,我们就可以把培训师,分为四类,如下图所示。

如果你是一个培训师,就可以对照一下,看看现在你属于哪一类培训师:左右脑兼具的"大师"、只有左脑没有右脑的"良师"、只有右脑没有左脑的"乐师"、左右脑都没有的"巫师"。

提到矩阵这种模型,有一个培训课程,不能不提,那就是非常经典的情境领导。所谓情境领导,就是根据情境中下属面对一项任务的准备度,来调整自己的领导风格。

下属能不能把一件事干好,取决于什么因素呢?就两个:

第一，他有没有能力；第二，他有没有意愿。根据这两个因素，就可以把下属区分成四种状况：没能力没意愿、没能力有意愿、有能力没意愿、有能力有意愿。

这就是个矩阵。我会在后面，用一个章节，来和各位分享情境领导这门课程的逻辑结构。

三、金字塔模型：逐级向上

如果你要表达的内容，有逐级向上，层层递进的关系，不妨用金字塔这种形式来演绎。

之前我们提到过马斯洛的需求层次理论，就是典型的金字塔：马斯洛的理论是，人只有满足了基础需求，才能追求满足更高层次的需求，比如自我实现需求。这个金字塔，也可以简化为：生存、生活、生命。

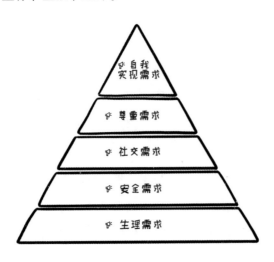

第一章
左脑——底层逻辑，模型制胜

尽管这些年该需求理论受到了诸多挑战，比如有人说，刚刚毕业的大学生，选择去西部山区支教，没有满足底层的需要啊，直奔自我实现而去，追求生命的意义。这个逐级而上的理论，并不成立。

但不管如何，只有逐级满足，上面的需求实现起来，才更容易，更从容，生命才更平衡。

再比如，学习教练技术的同学，会遇到"逻辑层次模型"这个工具，这也是典型的金字塔模型：

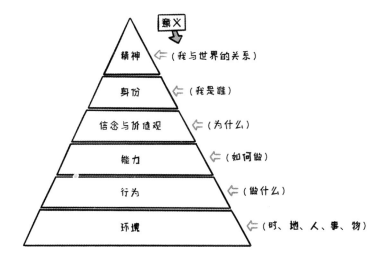

它从环境和一个人的行为层面出发，逐级向上探索，你需要具备什么能力，你的行为，受什么价值观指引，最后你会成为谁，对这个世界有什么影响。

如果用金字塔这种方式来构建模型，一定要注意，要素之间，有逐级递进、层层向上的关系。

比如我们讲影响力，不妨用个人影响力、团队影响力、组织影响力三层结构阐述。先讲如何单枪匹马打造个人影响力，再到如何组建团队发挥团队影响力，最后，如何通过创立组织，去最大化扩展影响力。

这就是金字塔模型。

四、流程模型：事务的先后顺序

在培训课程里，我们经常能见到一些英文单词的缩写，这些通常是流程模型。

前面提到过的 PDCA 循环，就是这个类型。我们做事时，先计划（Plan），再做（Do），过程中检查（Check），最后总结经验，完善，再行动（Act）。

面试时，当我们邀请候选人分享他过往的成就事件时，一般会用到 STAR 模型。

当时是什么情况（Situation），或者你面临一个什么任务（Task），你采取了怎样的行动（Action），取得了怎样的结果（Result）。

再比如你一定听说过的情绪管理 ABC 理论。

先有个诱发性事件（Activating events），对这个事件，你秉持什么样的信念（Beliefs），然后采取了什么样的行动，获得了怎样的结果（Consequences）。如果你不想要获得和过去同样的结果，就得在信念（Beliefs）那里做文章，改变对诱发性事件的信念和认知。

还有一个特别经典的流程模型，就是教练技术里常常用到的 GROW 模型。

当客户找我们做教练时，寒暄过后，我们首先问："今天这个话题讨论完，你希望拿到什么样的结果，实现什么目标（Goal）啊？"然后探讨这件事情，现实（Reality）如何，你都做了什么，结果如何，有什么阻碍，别人怎么看，等等。

接下来问："基于以上现实，你有什么选择（Options）吗？"通过提问的方式，让客户探索各种可能性。

最后，上面这些选择，你会采取哪个，或哪些作为下一步的行动，即 Way-forward 呢？

当我们运用流程的方式，来构建自己的模型时，不能满足于把英文单词首字母，或者中文短语首个字简单拼凑到一起。

比如上面提及的 PDCA 和 ABC 理论，就比不上 STAR 模型和 GROW 模型。因为后两者，英文首字母组合在一起，又构建了一个有意义的单词。STAR，是讲过往成就事件，那些如"星星"般的闪光时刻。GROW，是通过教练技术，帮助来访者不断"成长"。

这正如前面提到的，2017 年"我是好讲师"大赛冠军张家瑞的"SOS"模型一样，正好构建出了求救信号这个新意义，就令人印象深刻，刮目相看了。

五、状态线模型：时间 + 相应变化

状态线有点儿像股票曲线图，即呈现事物随着时间的延展

发生的变化。

比如在变革管理课程里面,有这样一个变革模型[一],就是用这种模型演绎的。

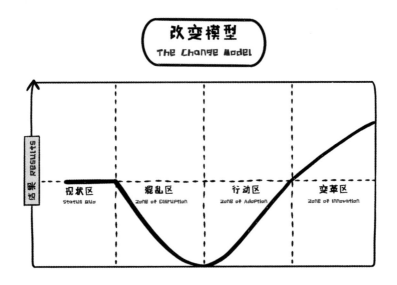

横轴表示时间,就是变化的过程,分为四个阶段。纵轴表示结果,也就是变化的每个阶段给人带来的影响。

最初,变化没有发生的时候,是"现状区",你会看到曲线是平的,这时候对当事人或者组织,没有什么影响。

然后变化发生了,即"混乱区",比如当事人失业,或者一个新竞争对手出现对组织造成了冲击。这个阶段,结果曲线

[一] 变革模型源于培训课程变革管理,版权所有为美国 Red Tree 培训咨询公司。

开始下降，物质收入降低。即使物质收入不降低，比如某人升职加薪了，但至少精神层面，会带来冲击，要调整自己适应新角色。

结果曲线的最低点，是决定点，也就是面临冲击和混乱，当事人决定采取某些行动去应对变化。接下来，就是"行动区"了。我们不断行动、试错、调整，结果和收益曲线开始慢慢回升。理想状况下，会和变化发生之前持平。

最为理想的状态是，我们采取行动，成功应对了变化，不断超越，从"行动区"过渡到"变革区"，收益比变化之前还要高。

这门课程，开篇就运用状态线的方式，提出这个变革模型，统领整个培训，清楚呈现出变化的四个阶段。接下来，再告诉我们，每个阶段应该采取的行动是什么。

在职业生涯领域，我们也常常会用到这样的模型。比如，根据职场人的年龄，可以把整个职场划分为生存期、职业发展期、梦想期。接下来再讲解不同阶段，应该应对的问题有哪些，我们可以采取怎样的行动。

六、平衡轮

最后来谈谈用圆形或者平衡轮，来构建课程模型。

在很多课程里，我们都能看到平衡轮的影子，被不同的讲师拿来做不同的应用、赋予不同的意义。

比如在我的职场幸福课里，我把它叫作"圆方规划图"，用来做年度总结和新年目标制定。

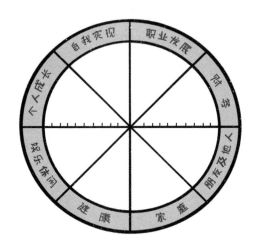

这个图运用的逻辑是，首先把对职场人士都重要的八个方面找出来，比如职业发展、财务、家庭等等。

接下来完成三个步骤：第一，评估满意度，即评估上一年度，对每个方面的满意度是几分。第二，确定期望值，即确定下一年度，我希望把每个方面的满意度提升到几分。第三，制定新目标，即下一年度，如果我在每个方面能够完成这些目标，我的满意度就相应提升了。

平衡轮，可以应用在很多方面，比如用来辅导下属。让下属把他目前在组织里担当的角色，或者承担的主要任务，分成几个方面。举例来说，一个培训和发展主管，可以把平衡轮分为：授课、培训管理、组织发展、团队管理等几个方面。下属可以就这些方面，给自己打分，之后确定下一年度的发展方向，制定新的目标。

平衡轮是圆，圆意味着圆满，也意味着无限，它是个开放的工具。我们运用这个模型时，要保持开放，允许学员对该模型进行改编。

我把"圆方规划图"分为了八个方面，这只是我作为专家的意见。有女学员说，"自我实现"这个关于梦想的部分，我不是很在意，我希望的生活就是相夫教子，普普通通，平平安安。那没有问题，她就可以把圆分为七份，甚至是四份，这都是可以的。

以上，我分享了构建课程模型的六种基础方法，分别是三角形、矩阵、金字塔、流程、状态线和平衡轮模型。

我们可以用它们，设计一门课程的总体模型，也可以用来设计课程中一个知识点的模型，也就是大模型套小模型。比如我的职场幸福课，总体运用的是职场幸福钻石模型，在两天的课程里，会经常出现三角模型、矩阵、流程模型等小模型，用来诠释其中的知识点。

以上只是基础模型，你也可以根据自己课程的特点，构建自己独特的模型。我就曾经见过什么五角星模型、四叶草模型等等。任何模型都没有问题，只要你能说出自己的逻辑，能够自圆其说，就都可以。

第五节
经典培训模型赏析——高效能人士的 7 个习惯

《高效能人士的七个习惯》这本书的作者是史蒂芬·柯维博士。他被美国《时代》杂志誉为全美 25 位最具影响力的人物之一。他创办了全球最大的职业服务公司——富兰克林柯维公司，是可口可乐、通用电气、福特等多家世界 500 强企业的管理顾问。

这本书被翻译成 42 种语言，在全球发行过亿册。在众多畅销书籍排行榜上，多年保持榜首位置，影响非常深远。相应的配套课程，是世界 500 强企业的经理们的必选课程。

接下来，我会分享四方面的内容：第一，介绍 7 个习惯的逻辑关系；第二，谈谈其中提到的效能原则；第三，介绍本书的写作逻辑；第四，分析一下，这本书和这门课为什么如此流行和受欢迎。

一、7 个习惯模型

我们先来看 7 个习惯模型。我们先来梳理一下 7 个习惯的内在关系。

第一章
左脑——底层逻辑,模型制胜

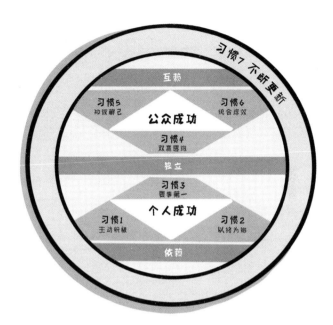

史蒂芬·柯维博士深受个体主义心理学的创立者阿德勒的影响。如果你喜欢读书,应该读过阿德勒的代表作《自卑与超越》。

阿德勒认为,人的一生主要面临两大课题:

第一,如何从依赖走向独立。 比如你是孩子的时候,会依赖父母的养育;你是职场新人,就特别依赖那些职场老人的指导。怎样从依靠别人走向自我独立,是我们面临的第一个课题。

第二,怎样处理人际关系。 阿德勒认为人的一切烦恼都源于人际关系。如何建立顺畅、和谐的人际关系,是我们面临的第二个课题。

7个习惯模型,就是从依赖期开始的。人们怎么从依赖期走向独立期,这是解决阿德勒提出的第一个问题。史蒂芬·柯维认为,从依赖走向独立,要养成这3个习惯。

第1个习惯,主动积极,这是关于选择的习惯。也就是说,你是选择自己做主,还是把你交给他人和命运做主。如果把人生比喻成一艘航船的话,那你就是这艘生命之船的舵手。那么,你是舵手,你要把这艘船开向哪里呢?

这就需要养成第2个习惯——以终为始。你现在开始做的每件事,都是奔着终点去的。习惯2是关于愿景的习惯,帮你设定人生方向。

你主动积极做人生的舵手,又制定了自己的人生方向,你能把船开到那里吗?

这就需要养成第3个习惯——要事第一。它是关于执行的习惯,坚持把船开到目的地。

你态度积极,是舵手,目标明确,知道自己的愿景和目标,你还能要事第一,执行到位,必然就会实现个人成功。你就从依赖期走到了独立期。

生而为人,光独立是不够的,我们必须学会与人相处,要从独立走向互赖,就是互相依赖。

这就需要养成第4个习惯——双赢思维,这是互利的习惯。在跟别人互动时,不但要考虑你的利益,还要考虑他人的利益。

既然要满足双方的利益,你就需要了解对方想要什么,同时需要对方了解你想要什么。

这就需要养成第 5 个习惯——知彼解己。了解对方，让对方了解自己，这是互相理解的习惯。在这个习惯里，会教共情、倾听这样的技巧。

互相理解的过程中，我们会发现，双方要的东西不一致，你有你的想法，我有我的想法，那如何解决这样的问题呢？

就需要养成第 6 个习惯了——统合综效。统合综效就是实现一加一大于二的结果，这是创造性合作的习惯。也就是说，我们既不要你的，也不要我的，双方找一个第三方案，创造第三选择。

这就是习惯 4、5、6 的逻辑关系。习惯 4 双赢思维是态度，习惯 5 知彼解己是技巧，而习惯 6 统合综效是结果。如果都能做到，我们就会实现公众成功，你好我好，大家好，就从独立走向了互赖，也就解决了阿德勒提出的第二个问题。

而第 7 个习惯——不断更新，它是关于更新的习惯。你会看到它位于这张图的外圆上，意思是说，它像蜘蛛网一样，跟所有的 6 个习惯都是有关的。史蒂芬·柯维认为，如果你无法持续地更新和成长，其他 6 个习惯是没有办法建立和保持下去的。

第 7 个习惯讲到了，我们如何从身体、心智、精神、社交情感四个方面，不断地成长和更新。

这就是 7 个习惯的逻辑关系。

二、7 个习惯里主张的"效能原则"

伊索寓言里说，一个农夫，发现自己的鹅下了个金蛋，他特别开心。为了得到更多的金蛋,他把鹅杀了,希望从肚子里找到更多的蛋。当然,他不但没有收获金蛋,连下蛋的鹅也失去了。

史蒂芬·柯维指出,效能原则就是工作和生活中,我们不但要今天能收获丰硕的成果,获得产出。而且要不断保持收获这样成果的能力,也就是维护产能。平衡产出和产能是贯穿整本书的一个原则。

从个人领域,我们要不断地养鹅,比如学习、锻炼身体,因为要持续获得产出。从人际关系角度讲,我们要不断地往情感账户里存款,这样才能保持和谐的关系。

三、《高效能人士的七个习惯》的写作逻辑

史蒂芬·柯维认为,每个人在做事之前,对这件事有自己的思维,也就是看法,如何诠释、理解和判断这件事。思维会引发行为,也就是实践。实践,会获得相应的结果。

第一章
左脑——底层逻辑，模型制胜

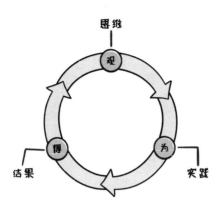

7个习惯的每个章节，都是按照这个思路写成的，先帮大家提出一个高效能的思维，之后告诉我们什么样的实践，可以体现这个思维。而如果你这样想和做，就会得到高效能的结果。

我们以第3个习惯"要事第一"为例。

他先跟大家分享惯常的思维，人们通常会把时间花在最紧急的事上。接着，会推荐高效能的思维，将时间花在最重要的事上。这是思维的转换，那行为上应该怎么体现呢？

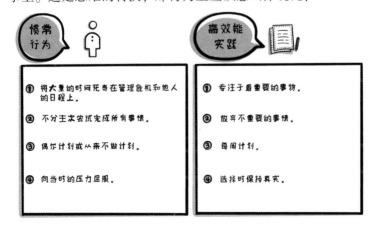

以前的行为，是左边这四种，右边是他提倡的新的行为实践。

当你读这本书的时候，你就会发现，每一个习惯，他都是按照这个逻辑写成的。

四、《高效能人士的七个习惯》及相应课程受欢迎的原因

1. 创造了模型

首先是因为他创造了模型。你会注意到，7个习惯，哪一个都不是史蒂芬·柯维创造的。比如第1个习惯，主动积极，这句话，肯定不是他最先提出的，第4个习惯，双赢思维，也不可能是他第一个提出的。他高明就高明在用一个模型，把这7个习惯串起来了，以更视觉化的、更逻辑化的方式，将它们呈现出来。

模型化是写书和做课程最高级的方式，容易被大家记住。

像马斯洛的需求层次理论，在他之前，有无数的心理学家都研究过人的需求，可为什么只有马斯洛被人记住了呢？就是因为他创造出了这样一个模型，把人的需求从生理、安全、社交、尊重到自我实现，用一个金字塔，逐级呈现出来，就印在了我们的记忆里，这就是模型的力量。

我总是跟学员和弟子强调，无论你做演讲，还是做分享，如果你能把你的内容做出模型来，是最容易被观众理解和记

忆的。

2. 宣扬的是共同价值

在《高效能人士的七个习惯》这本书里，史蒂芬·柯维一直在强调，我们要做那些符合共同价值的事。所谓的共同价值就是那些放之四海而皆准的法则。比如：善良、公平、正直、诚信、道德、奉献等等。做符合共同价值的事情，时间会给我们回报；做违背共同价值的事情，时间会给我们惩罚。因为书中宣扬的是对的事，就很容易被读者接受。而按照这些共同价值做事之后，获得的往往是正向回馈。获得了好的结果，读者就会反过来，更会喜欢和认同这本书。

我认为，这是这本书和这门课，受欢迎的第二个原因。

我每年会读 100 本书，总有读者和学员问，王老师你能推荐一些书给我吗？我首推的就是《高效能人士的七个习惯》，这是对我人生产生最深刻影响的一本书。

如果让我列出，对我人生影响最深刻的人的名单，我也会把史蒂芬·柯维博士排在首位。

这不仅是我的想法，太多的人，也从这本书里深深受益了。

从这个角度说，这本书，这门课是非常成功的。史蒂芬·柯维博士，无疑也是非常成功的。

第六节
经典培训模型赏析——情境领导

情境领导理论是组织行为学家保罗·赫塞和管理学家肯尼思·布兰查德，在20世纪60年代提出的。这个理论认为，领导者的行为要和被领导者的状态相适应，才能取得有效的领导效果。

该理论提出之后，在全世界得到了广泛的推行和应用，得到高度评价。直到现在，情境领导这门课也是市场上最受欢迎的培训课之一。

情境领导分三个步骤：确定工作，评估下属准备度，选择领导风格。

一、确定工作

所谓的确定工作，就是作为领导者，确定要将哪一项具体工作，交代给下属去做。这份工作，可能是存在改进空间，或者绩效下滑的领域，也可能是有一段时间没进展的事，或者是未来要做的一件事。

二、评估下属准备度

准备度的意思是，面对这项任务，下属是否准备好了。一个人能否把一项工作做好，就取决于两个因素。首先，他是否具备能力；其次，他是否有意愿。基于这两个因素，我们可以把下属对这件事情的准备程度归为 4 种情况。

请看上图。其中的 R 是英文 Readiness 的意思，就是准备度。

1. R1——低能力，低意愿

这种情况，员工本事不行，态度还差，活干得不漂亮，人还唧唧歪歪，属于最容易被裁掉的人员。有些年龄稍大的人，可以归为这类，怀念过去，抱怨现在。个别初入职场的年轻人也是这样的，能力不行，态度又不积极。

2. R2——低能力，高意愿

这类员工本事不大，但态度积极，是块材料，目前能力不行，需要雕琢。初入职场的人很多都属于这类，能力和经验不够，但冲劲十足。

3. R3——高能力，低意愿

这类人，有良好的综合素质和真才实学，但态度消极，往往对企业不认同。我喜欢把这类员工比喻成大象，有真材实料，但大而不当，自以为是，骄傲自满。某些领域的专家，可以归为这类，有实力，但没热情，人际关系较差。

4. R4——高能力，高意愿

这种情况的员工，很多都是中坚和骨干，能力很强，态度也积极，是认同企业和给企业带来财富的人。这类人意愿和能力都强，招之能战，战之能胜，是老板最喜欢和信赖的人。

三、选择领导风格

领导下属的时候，一般有这样两种行为。

第一，指导性的行为，也就是领导者来定义角色，组织活动。领导者决定做什么，何时、何地、如何做，以及谁来做。这种行为通常是单向沟通，指导和控制下属，确定时间进度。

第二，支持性的行为。指领导者和下属进行双向沟通、主动倾听、促进互动。这种行为，领导者会鼓励下属参与，给予表扬。通常不过多参与任务的细节，由下属来掌控任务的进展。在必要的时候，给予支持。

基于此，我们把领导风格分成4类，如下图所示。

S 代表英文单词 Style，就是领导风格。

1. S1 告知——高指导，低支持

这种领导风格就是领导者来告知下属做什么，怎么做，何时做。单向沟通，并且密切监督与问责。

2. S2 推销——高指导，高支持

这种领导风格是领导者来决定，谁来做，怎么做。领导者做决策，但同时也做双向对话，确认下属是否听明白了，有没有更好的建议。必要的时候，给予支持，肯定下属的进步，给予表扬。

3. S3 参与——低指导，高支持

这种领导风格，鼓励员工做决定，领导者不过多关注任务的细节。倾听下属的意见，赞美下属，支持下属做决定和冒风险。

4. S4 授权——低指导，低支持

这种领导风格，只把握大方向，授权员工全权对任务负责，比较少监督过程，只是对工作的结果进行把控。

知道了下属的准备度，了解了领导风格，我们来看情境领导的完整模型。

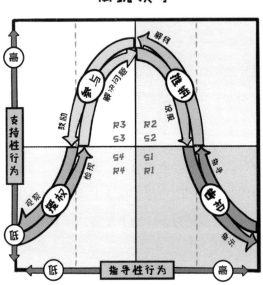

1. S1 对 R1

对于 R1——低能力低意愿的员工，就采用 S1 领导风格——告知。我通知你做什么，为什么，怎么做，什么时候完成。我不需要听取你的意见，我说你来听，进行严密的监督，必要时，运用制度和规则来进行约束。

2. S2 对 R2

对于 R2——低能力高意愿的员工，适合采取 S2 领导风格——推销。领导做决定的时候，征求下属的意见，但决策控制权仍然掌握在领导手中，因为员工缺乏能力。领导随时给予下属反馈,认可好的行为和表现,纠正工作偏差。

3. S3 对 R3

对于 R3——高能力低意愿的员工,适合用 S3 的领导风格——参与。领导做决策时,让下属参与进来,创造一种宽松的气氛。鼓励下属提问,跟下属共同做决定,群策群力,集思广益。

4. S4 对 R4

对于 R4——高能力高意愿的员工,一般采取 S4 的领导风格——授权。领导者将决策权完全交给下属,允许下属进行变革。明确告诉他们,希望他们自己去发现问题,纠正工作中的错误,让下属在一个更为广阔的平台上自由发挥。

这就是情境领导这门课的精华内容。

简单总结,就是在分配一项具体任务前,先问自己两个问题:第一,下属行吗?来考察对方的能力。第二,他乐意干吗?来考察对方的意愿。然后再采用相应的领导风格,确保任务的顺利完成。

四、关于情境领导力应用的注意事项

第一,面对不同任务,下属准备度不同。

在前面分享了员工对待工作任务的准备度,有 4 种类型,不过,我们不要轻易给员工扣帽子,"哎呀,你就是 R1 的员工,又没能力又没有意愿。你是 R3 的员工,有能力但没有意愿。"其实,面对不同任务的时候,下属的准备度是不一样的,不能一概而论。

比如你的下属负责市场推广。对于和客户打交道这件事,他有可能是 R4,既有能力又有意愿。可是对于写推销文案,他可能就是 R1,既没有能力也没有意愿,很烦做这种事,也做不好。

我在之前公司的时候,每年公司的年会,都是我策划、导演和主持的。最初的几年,对组织年会这件事,我处于 R4 的状态,既有能力又有意愿。可后来,我就不太愿意做这种事了,就变成了 R3 的状态,有能力没意愿。后来,经过和老板沟通后,老板就让我逐步去带别的同事,教会他们怎么组织年会,慢慢让我抽身出来。

我们可以看到,所谓的准备度,是因工作任务而变化的。没有一个人,对所有工作任务,都是同一种准备度。

当职位发生变化时,准备度也会改变。比如一个通常是 R4 状态,有能力有意愿的主管,被提升为经理之后,对应经理职责里的某些工作,可能就变成了 R2,有意愿但能力不足。

第二,领导风格没有好坏之分,适合最重要。

你可以通过网上的免费测评,知道自己的领导风格倾向。每个人都是有倾向的,比如,我倾向 S3 这种领导风格,高支持,低指导。我自认为挺好,可后来我的下属跟我反映说:"老板,这几年跟你工作很舒服,但我们好像从你身上并没有学到太多的东西,因为你对我们的指导不够。"

情境领导给我们的启示是,领导风格没有好坏之分,一个优秀的领导,应该根据下属对某一项任务的准备度,调试自己的风格。比如遇到 R2 的员工,高意愿,低能力,那我们需要用 S2 推销这种方式,去支持他,同时又指导他。而对于 R4 的员工,那就要授权。我们不能坚持一种领导风格,对所有人一视同仁,一成不变。

第七节
八种经典授课方式

在本章第一节课程设计的四个步骤里,我们谈到了四个步骤:搜集信息、搭建逻辑线、组织要点、工具方法。

搜集信息,即搜集学员信息、内容信息。搭建逻辑线和组织要点也谈完了。前面文章里讲到的模型,其实也属于搭建逻辑线,用视觉化的模型,更清晰地呈现课程逻辑。

现在,课程逻辑有了,每部分要讲的要点也知道了,用什么样的形式、手段来呈现课程内容呢,就需要了解演绎方式,也就是工具方法了。

在这一节,我会详细讲解八种常用的授课方式:讲授教学法、案例分析法、角色扮演法、小组讨论法、游戏带动法、演示教学法、练习巩固法、测试测评法。

这些方法，我不会泛泛而谈，因为在市面上绝大部分培训师主题的书籍中，你都可以读到。我可能会谈及自己在运用这些方式时遇到的问题和独特的体验，供你参考。

一、讲授教学法

讲授教学法是培训师最常用的手段了，即以讲解、论述等语言方式口头传递内容。

优点：

- 信息量丰富
- 易系统表达授课内容
- 不受学员人数限制
- 适用于各种培训主题
- 可以在短时间内传递知识

缺点：

- 内容多，学员不易吸收
- 互动交流机会少
- 学员注意力难以维持
- 不适于传授技能

运用要领：

- 条理清晰、重点突出、内容精彩
- 有教材给学员

第一章
左脑——底层逻辑，模型制胜

- 培训师口才好，有感染力
- 能够用手势来补强

讲授法最常用，看起来最简单，其实对培训师的要求最高。它需要培训师有高超的语言驾驭能力，否则听众就会昏昏欲睡。运用这个技巧时，要时不时穿插故事、金句、排比、幽默等手段，在下一个章节，讲到右脑时，我会着重论述。

在学员众多的课堂上，比如：几百人的会场、学员坐成一排排的教室里，大多数时候，讲授法运用得最多。不过也可以融入小组讨论等手段。在大礼堂讲课，讲一会儿，我也会停下来，让学员们两两一组，做个讨论。

也可以在适当的地方，插一段视频，来诠释课程主题，这样就会有效弥补讲授法的枯燥、单一。

到某些国企，或者这个局那个所讲课的时候，主席台上往往会摆一排桌子，上面放着鹅颈话筒。通常开课前几天，我都会要求主办方准备无线麦克风。我是绝对不会坐在主席台上面，对着鹅颈话筒讲课的。我会拿着麦克风，站在主席台下面讲。即使没有无线麦克风，我也会端着鹅颈话筒，下来讲。这样会拉近和学员的距离，消除培训师和学员的隔阂。

二、案例分析法

案例分析法是培训师提供背景信息，学员经过讨论提出解决方案的授课方法。

优点：

- 培养学员思考、判定能力
- 让学员体验解决问题的步骤
- 让学员从不同角度看待问题，了解别人的想法
- 启发学习，提供参与意愿

缺点：

- 对培训师实战能力要求较高
- 个案资料较单纯，可能不够真实
- 学员须相互了解，语言一致
- 案例若与实际脱离，学员参与程度会降低

运用要领：

- 案例要真实
- 案例具有可讨论性
- 讨论中防止学员走神或离题
- 不要邀请高层或者专家首先发言
- 邀请所有小组发言
- 适当挑起一些争端，增强案例教学效果
- 要给予合适的总结

比如，我当年在第一家公司工作的时候，曾经给混凝土搅拌车的司机做过培训，过程中大量运用了案例分析这种手段。像下面这个：

第一章
左脑——底层逻辑，模型制胜

客户：高先生是我们的一个新客户，我们从来没有给他供过混凝土。

情景：

到工地后，当你准备开始卸混凝土时，高先生告诉你他希望你往混凝土里加点水，把坍落度至少调到120，直到他们手工浇筑结束。但送货单上写的坍落度是80。

司机：

你担心加水的做法是不正确的，而且这与你所接受的培训内容违背。客户开始有些生气了，并且开始提高了他的声音说："不就是让你加些水吗！"

考虑到各方利益，你该怎样做才是最好的呢？

这就是一个案例，供现场的学员讨论，之后培训师给出符合公司程序的标准答案。

案例分析，也不一定非要用文字的形式表述，也可以用图片，或者视频，供学员讨论。

比如我曾经给员工们讲过生产车间的安全管理，就用了下面的图片作为案例，邀请他们找出图片中不安全行为或不安全状态，看看哪个小组找出的最多。

这也是案例分析。

三、角色扮演法

角色扮演法是学员在一定情境下,扮演案例中的角色进行表演的教学方法。

优点:

- 容易引起学员兴趣并参与
- 可以获得具体的感受,体会实际的情境
- 发现"知"和"行"之间的差距
- 强化反应能力和心理素质

缺点:

- 必须具有高度的真实感
- 容易脱离培训师的掌控
- 内向、反应不快的学员,容易跟不上

第一章
左脑——底层逻辑，模型制胜

- 部分学员认为幼稚，不愿意参与

运用要领：

- 确定目标后，构想运用情境
- 提前了解培训场所是否适合运用该方式
- 有效控制表演过程

分享一个我实际运用过的角色扮演案例。

客户：高先生是我们的一个老客户，他这个人有些挑剔。

情景：

今天早晨，在给高先生的工地浇筑第一车混凝土时，我们按照时间间隔发出了第二车混凝土。可这时，工地忽然停电了，估计得6~7小时才能来电。高先生拒绝签这两车混凝土的票，他坚持说这两车混凝土还没有浇筑到部位上。而这时我们也没有其他的工地可以把这两车混凝土转走。

销售代表：

控制室打电话通知了你，这时需要你去和客户交涉。你怎样做才能维护公司的利益，同时维持和客户的关系呢？

课堂上，我们会邀请学员，一个扮演客户，一个扮演销售代表，通过打电话的方式来进行角色扮演。

想要运用好角色扮演这种授课方式，得在两个阶段做好准备。

1. 准备阶段

确定好培训目标后，构想问题情境。角色表演不能天马行空，培训师事先要准备场景脚本：场景是怎样的，双方分别是什么角色，每个角色按照什么思路去表演，课堂讲的概念或者工具，都要在脚本上清晰呈现。否则，表演过程就会失控。

还要清楚培训现场的布局，是不是适合角色扮演。角色扮演是需要空间的，一般每个表演小组是三个人，两个人根据脚本表演，另一个人做观察员，观察两个演员是不是很好地应用了课堂刚刚讲授的内容，表演完给予反馈。

全体学员要分成三人小组，每个小组需要一个独立的空间，互不打扰，这对场地要求很高。

2. 实施阶段

在三人一组表演的过程中，培训师要走下来，一组一组地去旁听，这样可以观察到每组，了解学员掌握情况。这也意味着，角色扮演这种授课方式，不太适用于人数太多的课堂。一个培训师，是没有办法关照到太多表演小组的，除非有其他培训师或者助教帮忙。

在我的体验中，成年人上课，每班24~30人，是最佳人数。6人一个小组，分为4~5组。人数太少，班级氛围不会太热烈；人数太多，培训师照顾不过来。

6人一组是特别理想的搭配。无论培训师想组织怎样的讨论，都能实施。两人一组的小讨论，一个组就可以分为三个内部小组。三人一组的角色扮演，一个组就可以分为两个表演小组。

在观察过程中，培训师如果发现哪个小组较好地遵循了讲过的技巧或工具，可以私下问这组学员，一会儿愿意不愿意到台上，对着大家表演一次。

到台上表演的这组，培训师一定要在底下提前观察好，不能贸然邀请同学上来表演。我们常常会看到，学员上台表演，会走向两个极端。一种是紧张，磕磕巴巴表演不下来，表演者和下面的观众都尴尬；一种是放飞自我，插科打诨，完全不按套路出牌。

角色扮演法，是比较考验培训师功力的。考验在于：第一，准备符合实际的脚本；第二，学员表演时的控场和表演后的点评。

四、小组讨论法

小组讨论法是培训师给出一定主题背景，学员在规定时间内讨论出结果的教学方法。

优点：

- 学员参与感强
- 是集思广益的结果
- 有聚焦性和高产出的特点

缺点：

- 培训师准备要相当充分
- 过程中容易失控
- 要充分运用辅助资料，对环境的要求较高

运用要领：

- 话题清楚
- 分组合理
- 宣布时间

小组讨论，是培训中非常常用的手段，可是，不是每个培训师都能运用得好。在使用中，要注意以下几点。

1. 指令清晰

讨论之前，要清楚地宣布，我们现在要讨论什么，给大家的时间是多少，要讨论出多少成果，比如写出几条结论。讨论之后，需要不需要小组派代表分享，谁来分享。

讨论过程中，培训师观察各个小组。如果原本宣布的时间不够，可以再给学员更多时间。如果学员已经讨论完，无所事事开始闲聊，就宣布讨论提前结束。

为了避免小组里活跃的成员每次都分享，我们可以在讨论之前宣布，这一轮分享，请小组里还没有发过言的同学发言，就可以避免小组里有的人总说，有的人总不说。

如果观察到某些小组成员整体都比较活跃，某些小组成员整体都安静，可以利用课间，重新编排一下小组。

2. 运用辅助资料

讨论时，如果场地允许，最好给每个小组配备一个翻页板，上面夹着大白纸，邀请学员起立，到自己小组的翻页板前面讨论，用白板笔写下答案。

即使没有翻页板，也可以给每个小组发一张大白纸，两支白板笔，让大家在组内，把答案写在大白纸上。讨论结束后，让小组代表到台上分享，其他组内成员帮着拉着大白纸。

一定要邀请学员到台上分享！

一个原因是增强参与感，更重要的原因是，学员分享时，客户方会拍照，并分享出去，表示他们组织的培训，学员参与度高，这对你的课程会起到很好的宣传效果。

五、游戏带动法

游戏带动法是组织学员做游戏，通过在游戏过程中的感受来引发学员思考的方法。

优点：

- 参与性强
- 寓教于乐
- 创造轻松愉悦的气氛

缺点：

- 游戏要和主题相关
- 开发时间很长

- 占用时间较长
- 只能用一次
- 过程中可能会出现不可控情况

运用要领：

- 游戏定位，确定目的
- 预想场景（排除现场干扰因素）
- 边介绍边示范，确保学员明白规则
- 让学员分享感受
- 培训师精准点评，升华游戏的意义

目前，上课的学员越来越年轻，正襟危坐式的课堂教学，吸引力江河日下；游戏化教学，越来越受到青睐。

那么，游戏到底分哪些种类，应用在课堂的不同时段，都会起到什么作用呢？

第一类：开场破冰——破冰船

这类游戏的作用，不言而喻了。就是课程一开始，学员还都没有进入状态，培训师组织一个游戏，方便大家相互了解，营造良好的课程氛围。

开场游戏的激烈程度，取决于成员的熟悉程度。如果学员相互不是很熟悉，来自天南海北，或者大公司的不同部门，那开场游戏不宜太激烈，太挑战，起到相互认识作用即可；太激烈的话，参与度不会太高。

如果学员很熟悉，比如给一家公司的，较开放的销售人员

第一章
左脑——底层逻辑，模型制胜

培训，就可以设计一些热烈的开场游戏。

我曾经给一家公司的销售部门二十几个人培训，开场用了"九宫格寻宝"游戏。给每个人发一张纸，上面有个九宫格，每个格子里写着一项任务，比如，"教室里戴眼镜的人""有二胎的人""唱歌最好的人""穿黑色袜子的人"。

学员要拿着这张纸，迅速在教室内找到相应的人，让对方签上名字，谁最先找到这九个人，谁就胜出。

如果九宫格里，有几项大尺度的任务，一时间教室里鸡飞狗跳，欢声笑语。瞬间，就起到了破冰效果。

开场破冰游戏，可以和当天的培训主题有关，也可以无关。唯一需要注意的是，不能太长，最多15分钟。太长的话，学员会厌倦，会有人在心底里质疑：有完没完，这培训，什么时候开始啊？

第二类：课程导入——启示钟

这类游戏，是为了引出课程的主题，可以引出课程的整个主题，也可以用于引出课程中某一个要点。也就是说，先不讲内容，用一个游戏把内容引出来。

我在第二家公司工作的时候，曾经给全体员工宣贯过企业价值观。我们有一个价值观是"开放式思维"。讲这个价值观时，我会在之前带大家做一个活动。

我邀请大家，在汉字"日"上面，随便加一笔，看看能加出多少个汉字。学员先是自己加，然后在组内交流、统计，看看哪个小组加出的多。

通常大家都会写出来"田、旧、申、白"等等。偶尔，也会有人写出"中"和"巴"，这就突破了原有的思维，将"日"横过来了。

我就会用语言总结和提炼，唯有突破固有思维，我们才能够创新，才能发展，才能有所不同，企业和个人都如此。自然而然，引出"开放性思维"这个价值观。

课程导入这种游戏，可以起到润物细无声的作用，如丝般润滑，自然过渡到一个生硬的，大家内心里原本有些抗拒的概念。

本来想写完这八种常用授课方法再总结，写到这里，就突然想总结一下。

培训主题大体分三类：知识、技能、态度。不同主题，适合采用不同的授课手段。

知识类培训，适合用讲授法、案例分析法演绎。配合学员手册、分发的知识卡片、讲师PPT，课程结束要以提问，或者答卷的方式进行考试。

技能类培训，适合运用角色扮演法，以及后面要讲到的演示教学法和练习巩固法。技能类培训，需要讲师的演示和学员的大量练习。否则，知而不行，等于不知。

态度类培训，非常适合用游戏带动法、小组讨论法和第二章右脑的部分详细介绍的故事演绎法。态度类培训，像企业价值观、职场阳光心态等等，很容易假大空，浮于表面，变成心灵鸡汤。

我就曾经主要用游戏的方式,加上故事演绎法和小组讨论法(让学员讨论,什么是符合企业价值观的行为),把我就职的第二家公司的四个核心价值观,做成了整整一天的课程。本来员工很讨厌这种价值观宣贯,而灵活生动的授课形式,让他们乐在其中。

第三类:课程演绎——传送带

这类游戏,意思是在讲某个主题,讲到中间的时候,我运用一个游戏,来传递要表达的内容。游戏不在主题的开头,也不是在该主题的结束,而是中间。

比如,我讲有效沟通,讲了半天,讲到提问。沟通不是单向的,当信息传递得不清晰的时候,双方要利用有效的提问来澄清信息。我就会用这样一个游戏来澄清提问的重要性。

给全体学员,每人发一张 A4 白纸,请大家闭上眼睛,听我的指令去行事,但不能提问。

首先,请大家,将这张纸对折。这时候,有人会将纸按长边对折,有人会将纸按短边对折。再发指令,让大家再次对折。接着发指令,请大家在纸的左上角,撕去一个小角;再从纸的右下角,撕去一个小角。

然后,请大家睁开眼睛,将纸完全展开。这时候就会发现,教室里,学员撕出的纸,千奇百怪。有的是在纸的中间有一个洞,有的是四个角残缺,有的是四条边的中间都被撕掉了一块。

我就可以接着总结：当发出指令时，如果不允许提问，大家对指令的理解，是不一样的。那作为团队的领导，如果只是单方面发出指令，不是双向沟通，不允许团队成员提问，最后得出的结果，就不一定符合自己预先设定的方向和目标。

这就是课程演绎——传送带。用游戏，在主题的中间，去演绎要传递的观点。

第四类：课间氛围调节

这类游戏，和培训主题毫无关系，纯粹就是放在课间，或者下午课程开始的时候，用于调节气氛，缓解疲劳。

比如有的老师，会在课间，或接下来课程开始的时候，邀请大家站起来，做做拉伸、手指操、拍拍操，互相按个摩，跳个水草舞之类的。

如果是两天的课程，我一般会在第二天下午，课程开始的时候，邀请全体学员做平板支撑比赛，男生女生分开比，坚持到最后的几名，给现金奖励。这纯粹就是为了调节氛围。

这类游戏，要注意两个原则。一是好玩，让大家觉得有趣。比如我让学员做平板支撑的时候，给坚持到最后的三名女生，每人奖励 100 元钱，真的奖励哈。给坚持到最后的三名男生，每人奖励 1 元钱，真的奖励哈，拿三个 1 元钱的硬币。

二是简短。放松游戏，就是为了娱乐和放松，不能太长时间，10 分钟是极限了。

讲到这里，我顺便说一句，这可能是我的思维限制。作为培训师，我对下述做法很反感：在课程开始的时候，邀请各个小组，花时间去拿大白纸，设计小组的队名、logo、口号，然后，每个小组上台，用各种造型，展示小组的口号等等。有的课堂上，这个环节，小组比较多的时候，甚至要花去1小时的时间。

学员花钱，不是来学习的吗？难道是为了摆造型？

我个人的看法，培训师，要对得起学员花的金钱和时间，少弄这些花里胡哨的东西，留时间去讲干货。

美其名曰是要破冰，要大家连接，我觉得就是培训师没太多内容好讲，纯粹为了凑时间。

这只是我一孔之见，一家之言。

第五类：结尾氛围——意味深长

游戏还可以用在整个培训的结尾，起到画龙点睛的作用，让学员离开教室之前，留下深刻的思考和感受，起到余音绕梁、三日不绝的作用。

这个部分，我会在下一个章节写右脑的时候，再深入阐述。

总之，游戏谁都会做，作为培训师，我们要清楚，为什么要做游戏，放在培训的哪个环节做，起什么作用。

六、演示教学法

演示教学法是利用实物、图片、图像、录像、现场表演等形式，演绎、解析培训内容的方法。

优点：

- 增强吸引力
- 内容形象化
- 增强记忆力

缺点：

- 部分情况下耗费时间
- 要有文字等资料，以备日后查阅
- 适用范围有限

运用要领：

- 准备充分
- 培训师是该项主题的专家

演示教学法，特别适用于技能类培训，培训师以专家的身份出现，以亲身实践，讲课程里讲到的技巧，展示给学员看。

比如，我们讲某一类机器的操作，培训师就得依据课程上讲的流程，亲身演示给学员看。

我们讲 TTT，给培训师培训，教学员如何讲故事，培训师就需要在课堂上亲身演绎一个故事，展示给学员看。

你看世界上那些教练大师，都会在课堂上讲完一个工具后，邀请现场一位学员上台，用刚刚讲解的技术，做一次教练，示范给下面的学员看。

这就是演示教学，它对培训师的要求很高，必须是该主题的专家，有能力在现场演绎自己所讲的主题。这就像你是五星级酒店的大厨，光给听众讲解一道菜怎么配料和烹饪多长时间是没有意义的，必须现场做给大家看，并且做出来的菜真的色香味俱全。

七、练习巩固法

练习巩固法是通过让学员做练习，内化所学理论或技巧的方法。

优点：

- 参与性强
- 迅速掌握所学内容
- 启发学员思考，激发行动力

缺点：

- 部分情况下耗费时间
- 培训师容易失控
- 要有清晰的指导

运用要领：

- 根据学员数量和场地，设定练习小组的人数
- 考虑学员特性，设定练习的参与和活跃程度

学员练习分很多种。比如一人练习，我们讲了一个概念或工具，学员在学员手册上，做一个练习，应用这个工具。

像职场幸福课里，讲完了"可控和不可控事务"两个概念，我就邀请学员在学员手册上做一个练习：

1. 请描述最近在工作中，或生活中，你纠结的一件事情。
2. 在这个事情中，你可以掌控的部分是什么？
3. 在这个事情中，你不能掌控的部分是什么？
4. 接下来，你的行动是什么？

做这样一个练习，就是帮助学员内化刚刚学到的概念。

还可以组成两人或多人一组练习。比如在课堂上，我们介绍了制定目标的方法，请学员们自己先制定出新一个年度最重要的三个目标。之后，两人一组进行分享，或者在整个小组内轮流分享。

比如教了教练技术的 GROW 模型，请学员两两一组，一个做教练，一个做来访者，进行教练演练。演练一轮之后，再交换角色。

这种巩固演练，和之前谈及的"角色扮演法"核心区别是，角色扮演法是有脚本的，培训师提前写好脚本，必须按照脚本上的逻辑练习某个技巧。而巩固练习，没有固定脚本，学员可以在某个框架里，更自由地发挥。

我们之前说过，练习巩固法，非常适合技能类培训。像 TTT，听完了老师的讲解，学员必须选择一个主题，上台去练习。演讲培训，也是如此，学员们一定要练习。机器操作培训，也得真刀实枪地去干。

八、测试测评法

测试测评法是让学员通过完成测试题，对自我的行为方式和思维习惯，进行自我觉察和反思的授课方式。

这几年讲课，有个强烈的体会，学员们很喜欢这种授课方式，可能是因为人们都喜欢自我探索和了解吧。平时也喜欢算个命，研究个星座运程，弄个塔罗牌能量卡，终于在培训课堂上，遇到正规科学的测评了。

优点：

- 参与性强
- 学员自我反思，而不是培训师单方面灌输
- 增强培训的权威性

缺点：

- 时间不好把控
- 考验培训师对测评结果的解读能力
- 个别学员会怀疑测评的准确性

运用要领：

- 注重测评的权威性
- 根据学员特性和授课时间，灵活进行

第一，选择科学权威的测评。也就是说，你用的测试题，必须得到过权威的认证，经受了时间的考验，科学性不容置疑。

比如测试行为风格的 MBTI、DISC，测试职业兴趣的霍兰德，测试天赋优势的盖洛普优势识别器，这些都很好。因为它们研究过大量的测试对象，总结出了完整的体系和方法，是科

学的。

第二，测评方式根据人群和授课时间灵活进行。同一个体系，其实有很多种不同的测试题。也可以用网络、纸质版等不同方式来测评。那就要根据课程对象和授课时间的不同来灵活运用。

对于年龄稍长的学员，适合用纸质版测评。对于90后学员，适合用网络测评，拿起手机就可以操作，并且迅速得出报告。

课程时间长，比如一两天，那么花半小时测试，一点儿问题没有。如果只是两个小时的培训，十几分钟的测评为宜。

如果是题量比较少的测评，你需要提醒学员，测评的结果，只是一个大概的结论，或许没有那么精准。

因为测评这个东西，题量越大，越精准。比如同样是DISC行为风格测评，有15道题的、有28道题的，还有50多道题的，题越多越精准。但是，除了精准，还要考虑学员的耐心程度。题太多了，学员会烦。

所以培训师需要做平衡，选择那些可以相对精准得出结论，题量又在学员可接受范围内的测评题库。

到此为止，我已经把课堂上，常用的八种培训方式讲完了。课程设计的四个步骤、搜集信息、搭建逻辑线、组织要点、工具方法，都描述清楚了。如果对某种授课方式有疑问，想进一步了解，市面上的培训主题书籍汗牛充栋，你可以买来进一步研究。本书的重点是告诉你，如何构建课程模型，以及如何平衡左右脑在一次比赛中胜出,以及如何设计出完美的课程。

第八节
培训师圣经

至此,一个课程就设计出来了。我们用课程地图,我称之为培训师圣经,把之前提及的所有内容写下来,就完成了授课前的设计。

课程名称		课时		讲师	
课程目标		参加对象			
时长/min	时间	主题 (内容要点)	培训方式 (教学活动)	教材/教具	

这个课程地图上面两行,包括课程名称、课时、讲师、课程目标、参加对象。

下面几列,中间那列的主题(内容要点),这个就是课程设计四个步骤里的第二个步骤——搭建逻辑线和第三个步骤——组织要点，也就是本课程要讲到的内容。

右面的一列"培训方式（教学活动）"，就是课程设计的第四个步骤——工具方法，也就是左面这些要点，我要用什么授课方式。

最右面一列"教材/教具"，意思是我用这种方式授课，都需要什么教具。比如小组讨论的话，需要准备大白纸；做游戏的话，需要用什么道具。

该表的最左面一列"时长"，指的是这个主题，需要多长时间。

左面第二列"时间"，就是每个主题从几点钟开始，到几点钟结束。这一列，是和左面第一列对照看的。

请看下面的例子，我以 7 小时的 TTT 为例。

TTT 备课地图

日期：2 月 10 日

课程名称	内部讲师培训		课时	7	讲师	王鹏程
课程目标	能够逻辑清晰地编写培训教材 合理运用常见培训方式和工具 掌握自信呈现培训的技能 了解培训评估的形式		参加对象	内部培训师		
时长/min	时间	主题（内容要点）	培训方式（教学活动）		教材/教具	
20	08:30 - 08:50	1. 破冰游戏 看图说话：随便画一幅图画，喜欢的东西、爱好、现状、梦想	游戏带动 小组互动		PPT，大白纸，白板笔	
5	08:50 - 08:55	要求：开放的心态	视频		视频	

第一章
左脑——底层逻辑，模型制胜

（续）

课程名称	内部讲师培训		课时	7	讲师	王鹏程
课程目标	能够逻辑清晰地编写培训教材 合理运用常见培训方式和工具 掌握自信呈现培训的技能 了解培训评估的形式		参加对象		内部培训师	
时长/min	时间	主题 （内容要点）	培训方式 （教学活动）		教材/教具	
5	08:55 - 09:00	2. 目标、大纲、介绍	讲授		PPT	
15 2 10 3	09:00 - 09:15	3. 培训定义 培训定义 演讲：培训师是…… 培训师角色：道、法、术	讲授 学员组内演讲 讲授		PPT 秒表 PPT	
35 5 5 5 20	09:15 - 09:50	4. 课程设计 培训目标介绍、练习一 搜集信息 搭建逻辑线 组织要点、练习二	讲授、学员练习 讲授、故事分享 讲授 学员练习		学员练习表格 练习参考一	
		休息15分钟（音乐）				
65 5 10 25 25	10:05 - 11:10	4. 课程设计 培训方法介绍 讨论：讲授法的优劣 案例分析法 （让学员练习一个案例、设计一个案例分析） 角色扮演 （请学员做一个角色扮演）	讲授 小组讨论 讲授、案例分析 讲授、角色扮演		PPT Flipchart/白板笔 案例分析表格 角色扮演案例	
		休息10分钟（音乐）				
40 15 25	11:20 - 12:00	4. 课程设计 讨论：小组讨论法的优劣 游戏带动法、练习三 （带领学员做一个游戏，请学员分享一个有关主题的游戏）	小组讨论/展示 气球接龙/学员练习		Flipchart/白板笔、大白纸 气球	

081

（续）

课程名称	内部讲师培训		课时	7	讲师	王鹏程
课程目标	能够逻辑清晰地编写培训教材 合理运用常见培训方式和工具 掌握自信呈现培训的技能 了解培训评估的形式		参加对象		内部培训师	
时长/min	时间	主题 （内容要点）		培训方式 （教学活动）	教材/教具	
午餐						
75 10 5 60	13:00 - 14:15	4. 课程设计 　餐后游戏 　演示教学法 　故事分享法、练习四 （请学员分享一个曾让他/她感动的亲身故事）		游戏 讲授 故事分享/学员练习	PPT	
休息 15 分钟（音乐）						
35 15 20	14:30 - 15:05	4. 课程设计 　完善课程大纲 　培训方法总结练习： 学员分组，每组五人，每个人给其他成员讲解一个培训方式及其优劣：讲授教学，案例分析，角色扮演，游戏带动，故事分享		讲授、学员练习 学员分享	PPT、练习参考二	
25 5 5 15	15:05 - 15:30	5. 课前准备 　检查清单练习 　座位布置 　视觉辅助		讲授、学员练习 讲授 讲授	PPT、课程大纲 PPT PPT、Flipchart	
休息 10 分钟（音乐）						
50 5 10 20 5 10	15:40 - 16:30	6. 培训过程 　放松和控制紧张 　开场白、练习五 （要求学员设计一个开场白） 　关键原则/肢体语言 　问题和回应 　管理棘手的人和情况		讲授 讲授、游戏带动 学员练习 讲授 讲授 讲授	PPT PPT、秒表 PPT PPT PPT PPT	

(续)

课程名称	内部讲师培训		课时	7	讲师	王鹏程
课程目标	能够逻辑清晰地编写培训教材 合理运用常见培训方式和工具 掌握自信呈现培训的技能 了解培训评估的形式		参加对象		内部培训师	
时长/min	时间	主题 （内容要点）		培训方式 （教学活动）	教材/教具	
休息10分钟（音乐）						
15 5 5 5	16:40 – 16:55	7. 培训跟踪 　结束语，借机总结培训 　行动计划，借机宣布行动计划 　培训评估		讲授 讲授 讲授	PPT	
10	16:55 – 17:05	8. 学员培训评估			评估表	

对于初级培训师，或者资深培训师第一次讲一门新课，我强烈建议大家要写"课程地图"。它非常非常重要，会让你从总体上做到心中有数。

使用课程地图时，要注意以下几点：

1. 简明扼要，以关键词表现；

2. 可用记号或图案来标识不同的重要性；

3. 有弹性，能配合不同背景和能力的学员，给予发挥空间；

4. 时间分配适宜；

5. 先演练试讲，以便调整准备的内容及所需时间。

每次讲一门新课时，我都会把这个备课地图打印出来，讲课时压在笔记本电脑下面。进行一个教学活动，课间休息或者学员讨论时，我都会拿笔做些记录。原本设计用时20分钟的游戏，实际用了30分钟；原本设计的10分钟讨论，学员5分钟就搞定了。

讲课结束，我就会在电脑里对备课地图进行更新，让它更符合实际的情况。

备课地图要保持灵活性。我们在实际上课的时候，经常会遇到拖堂的老师。拖堂有两种情况：第一种情况，老师特别好为人师，恨不得把自己知道的东西，全都分享给学员，不管学员能不能吸收。第二种情况，就是老师掌握的授课手段和方式太有限了，这部分就得这样讲，就得按照剧本，也就是备课地图来。设计好的东西，如果不能完全呈现出来，课程就没法讲完。

作为培训师，我从不拖堂！在任何客户那里，说下午5点结束，我就保证在5点结束。学员们课后还有别的安排，你不能耽误别人的计划。

我是建议培训师们，课程中的每一个概念，至少可以用两种方式呈现。那么就可以根据课堂实际情况，选择最适合的方式。

比如某个主题，我设计了学员测评，但如果时间不够，我有能力用讲授的方式把核心的内容表达出来。

再比如这部分原本就是讲一个故事，我看时间很充裕，不妨临时让学员做一个练习，把多余的时间填满。

你手里只有一把锤子,你看什么都像钉子,不能都用这把锤子去捶打。培训师成熟的标志是,因时因地调整自己的授课方式。给我 10 分钟,我有能力把要讲的内容讲清楚。给我一个小时,我也可以丰富授课方式,让学员在这个主题上,有更深刻的认识。

我们应像一个兼具百家之长的武林高手一样,从武器库随机拿出一种武器,就能去应对当前的状况。

关于课程设计,左脑的部分,就讲到这里了。这部分内容,并没有别的关于培训的书,讲得这么细致。原因在于,别的书讲过的东西,我并不想再东施效颦,或者连篇累牍重复别人的东西。

我特别强调的,这一部分,就是关于模型的概念。我们要构建自己的课程模型,用视觉化的方式,展示出课程结构。

只要你做到了这一点,你就可以超越市面上 90% 的同主题的培训师了。

培训恒久远,模型永流传。

右脑——精彩演绎，锦上添花

左脑负责逻辑、框架、内容，是我们希望听众上完课之后，能带走的那些要点和干货。右脑负责感觉、画面、情绪。第一章讲完了左脑，现在我们来谈右脑。

在这一章节，我们会聚焦在故事、金句、幽默等几个常用的激发右脑的手段上。同时，还将和你分享培训开场和结束的几种经典方式，让你的开场更吸引人，结束更意味深长。

第一节
成为讲故事的高手

说到讲故事，估计你脑海里会浮现出一个或几个培训师，特别会讲故事，声情并茂，引人入胜。而且，他们能够将一个简单故事讲得很长，引发的思考也很深刻。

那么，怎样成为一个讲故事的高手呢？故事好像谁都会讲，但讲好又不容易，有没有套路可循？

一、讲故事的基本套路——SCORE 模型

我算是一个擅长讲故事的培训师,这几年都在思考,怎么把讲故事这个手段更好地传授给弟子,百思不得其解。直到最近,在我弟子,也就是 2017 年"我是好讲师"大赛冠军张家瑞的商务演讲课上,才遇到了这个清晰的讲故事模型。

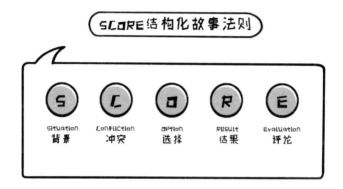

先讲一个我经常讲的故事,然后再来拆解:在职场幸福课里,讲到如何控制情绪,我会分享给学员特别棒的三句话。遇到冲突,情绪有起伏的时候,不妨用这三句话来让自己回归理性的情绪和行动:

- 我的行为和我想要的目标一致吗?
- 我想要的目标是什么?
- 我该怎么做,才能实现我想要的目标?

在屏幕上放出这三句话,我就开始讲故事。

1. 背景（Situation）

去年五一，女儿放假，我们几个家长和几个孩子，约着去郊外烧烤。当时我开着车，带着几个孩子，走在路上。到了一座立交桥下面，我要左拐。有两条左转车道，我开在右边这条左转车道上。

2. 冲突（Confliction）

就在我马上要开到路口的时候，我的右边，也就是直行车道上，有一辆车，忽然打左转灯。他要干吗？（这时会有学员回答：他要加塞，并到左转车道上。）

是的，他要从直行车道并到左转车道。但是，我们两辆车几乎是并行的，我就没有给他让。我心里想，你要左转，起码要提前一个车身，有个提前量。你要是提前一点儿，然后打个左转灯，我肯定让你夹进来。我这么善良，对吧？（学员通常会笑）

我没让，他硬要拐，我们两辆车，差点儿就撞上。我踩了刹车，他也踩了刹车，就没撞上。我想这也没出事儿，就继续开。这时候，左转的红灯亮了，我就停了车。他不是在我这里没夹进来嘛，他就从我车的后面，进了左转车道，而且横跨到了里面那条左转车道。左转是红灯啊，他也停了车。这样，我们两辆车都停在路口，是个什么状态？（有学员回答：并排停下来了。）

是的，我们并排停着，你们猜他做了什么事？（有学员会

第二章
右脑——精彩演绎，锦上添花

互动说：他摇下车窗吼你。）

对的，他摇下车窗，对着我就吼："你会开车吗！"

3．选择（Option）

各位，我是东北人（学员一般会笑），我这暴脾气，当时第一反应是吼回去："我会不会开车，你管得着吗？你想左转，得打个提前量啊。"

但就在这个时候啊，我做了暂停的动作，没有立即回应。脑子里瞬间想起了屏幕上这三句话。你知道培训师这个职业，相比其他职业，我们懂得相对多。我们经常在台上给人家讲，你要控制好情绪，如果现实中遇到问题，自己都控制不了，那不是道貌岸然心口不一了吗？

我当时暂停下来，问了自己一个问题："我今天出来是干吗来了？"同学们，帮我回答一下，我出来是干吗来了？（会有同学回答：烧烤。）

是的，我今天出来就是带孩子烧烤，出来玩来了，绝对不是要和别人发生争执。

成年人做事看利弊，小孩子才看心情。

想明白这个，我没有回吼。我当时戴着墨镜嘛，我望着他，微微一笑（我会在台上做这个微笑的动作，学员通常会笑），没有说话，一伸手，按了下车窗按钮，我原本开着的车窗就关上了。这时候，左转的绿灯亮起，我一脚油门，就离开了那个路口。

4. 结果（Result）

同学们，那一天，我们玩得很开心。爸爸们在野外手忙脚乱地点炉子。你们知道，野外烧烤点炭很困难。妈妈们在地垫上八卦那些娱乐圈的瓜，孩子们在草地上自由地奔跑玩耍，我们过得很愉快。

5. 评论（Evaluation）

这就是情绪控制，成年人做事看利弊，小孩子才看心情。

当情绪激动的时候，我们不妨想想这三句话：

我的行为和我想要的目标一致吗？

我想要的目标是什么？

我该怎么做，才能实现我想要的目标？

通常情况下，都会让你回归理性，采取最恰当的行为去面对问题。

我后来想，那天他骂了我一句，即使骂我十句，我也不会在乎。他的行为，伤害不到我的自尊。自尊这东西，是自己给的。就像甘地所言：如果你不拱手相让，没有人可以剥夺你的自尊。

这个故事，就是严格地遵照了 SCORE 模型。我们经常看的好莱坞电影，一般也是按照这个套路来写的：最开始是背景，主人公和家人邻里快乐生活，风平浪静。接着风起云涌，发生冲突，外敌入侵，打破安宁的生活，家园遭到破坏。人们

第二章
右脑——精彩演绎,锦上添花

流离失所,主人公被逼到绝境。虽然沮丧过,绝望过,但他从未放弃,奋起抗争,这是选择。最后在他不懈努力和外界帮助下,终于打败强敌,捍卫了原本属于自己的家园,这是结果。这告诉我们,邪不压正,我们永远不能向命运低头,这就是评价。

在应用 SCORE 模型讲故事时,需要注意四点:

第一,时间分配要合理。背景部分,不用交代太多,否则迟迟进入不到主题,听众会提不起兴趣。要花最多的时间在冲突发生后的选择部分,强调主人公内心的纠结。

第二,一定要有评论。我们听一些人讲故事,故事是不错,但结尾的评论部分不足,也就是有故事,没有提炼升华。前面的故事,是为了得出后面的评论部分,也就是观点。这才是讲这个故事的目的,这部分花的时间不够,就虎头蛇尾了,听众不知道你要表达什么。

第三,最好有一句金句,贯穿故事的始终。比如刚刚我讲的这段故事,"成年人做事看利弊,小孩子才看心情。"就是金句。金句最好说三遍,至少要两遍,像锤子一样,不断去捶打听众的心,加深印象。

第四,跳出来和听众互动。在讲故事过程中,比较忌讳唱独角戏,从始到终都是培训师在讲。在适当的部分要跳出故事,和观众互动。比如刚刚那段故事,我会时不时跳出来问"你们猜他做了什么?""各位,请帮我回答一下,我今天出来是干吗来了?"或者你在讲故事时,问听众:"如果是你,你会怎么做?"这样让听众参与进来,进行互动,避免故事太长太枯燥。

以上是讲故事的基本套路,非常容易把握。不过这是基本知识。那么怎么把一个故事讲出画面感呢?你会遇到一些讲故事的高手,他们讲故事时带入感很强,你甚至能想象出,或是感觉到,他们用语言描述出的那个画面。

二、讲故事的升级套路——六种构建画面感的方式

分享两个我曾经讲过的故事的情节。

第一个故事。我曾经给苏州的某家银行做过一个咨询项目。当时那家银行做人才储备,从各个分行选拔了一批 35 岁左右的中层做后备干部。我作为外部人力资源专家,要对这些干部做一对一访谈,每人访谈 15 分钟。内容包括"你未来想往哪个方向发展""希望银行给你提供什么培训"之类的问题。一天,从早上 8 点开始访谈,到下午 2 点,我已经很疲惫了,这时候,进来一个候选人。这段我是这样讲的:

这个候选人,矮矮的、胖胖的,穿着一件夹克,留着小平头。他进来后,我就说:"您好,请坐。接下来 15 分钟,我想跟您聊一聊未来的发展问题。"

听到这句话,这个候选人说:"老师,您等等。"

他慢慢悠悠,从夹克里面,左面的口袋里,摸出一个香炉。是的,就是那种烧香的小香炉,郑重地摆在我的面前。

第二章

右脑——精彩演绎,锦上添花

然后从夹克里,右边的口袋里,掏出一包香,从里面捏出一支,插在了香炉上。又从夹克外面,左边的口袋里,拿出一个打火机,啪的一声打着,将香点燃。

我当时都懵圈了:这是要干吗?是要给我上香吗?

他说:"老师,这一炷香燃完,就是十分钟,我们就聊一炷香的时间。"

……

第二个故事。2014 年新精英生涯公司在北京主办的做自己论坛上,我讲了父亲节那天,在上海浦东机场给父亲打电话的故事。有兴趣的可以在优酷上,输入"王鹏程:让梦想照进现实",可以看到这段演讲。

其中我讲道:

挂掉电话,我抬头望向外面。那天,上海的天空特别特别蓝,我要乘坐的那架飞机正在做准备工作。两个工人从行李车卸下行李,放在传送带上,行李一件一件流进机舱。

我坐在候机大厅里,一只脚放在地上,一只脚搭在行李箱上。太阳从外面射进来,暖暖地打在我的腿上。

我的对面,有个三四岁的小女孩儿,和她妈妈一起候机。那个小女孩儿,以特别好奇的眼光看着我,因为我满脸泪水。

……

听过这两段故事的人,反馈说画面感很强。那么我都用了哪些手段呢？到底如何营造故事的画面感呢？

1. 用动词和名词

人的大脑，更容易记忆动词和具体名词，所以讲故事时，要多用动词和名词，少用形容词和抽象名词。

像第一段烧香的故事，我用了"摸"出香炉，"摆"在我面前，"掏"出一包香，"捏"出一支，"拿"出火机，"打着"，将香"点燃"，这是一系列动作。

第二个故事，"望"向窗外，"卸下"行李，"放在"传送带上，"流进"机舱，一只脚"放在"地上，一只脚"搭"在行李箱上，这也是一系列动作。

具体名词，指的是肉眼可以看到的实物，比如水、手机、杯子等等。

抽象名词，指的是梦想、信念、理想等看不见摸不着的事物。

在讲故事时，少用形容词，可以用名词来代替。

比如说小花"年轻貌美"，这个就没有感觉，听众摸不着头脑。我们就可以这样来加工："小花年方二十，一双深蓝色的大眼睛，仿佛维多利亚湾的海水，洁白细腻的皮肤，宛如晶莹的玉石。"

用"二十"来代替"年轻"，用海水形容眼睛，用玉石形容皮肤。

再举个例子，有个老师，经常说她们班的学生笨。笨到什么程度呢?老师会说:"你们这脑袋是干什么的?你们这脑袋,就是肩上顶着个肉球。"

笨是形容词,说了也没有体会,如果说"肩上顶着个肉球",用名词来取代,就形象得多。

我觉得这位老师,真是讲故事的天才。

2. 用特定名词,不要用总称

比如说家具和桌子、裤子和牛仔裤、动物和小狗,就分别是总称和特定名词。

在讲故事时,特定名词比总称更有力量。

比如,"小王进了星巴克,点了一杯咖啡",和"小王进了星巴克,点了一杯最爱的美式咖啡"。

我们对两者产生的画面感是不一样的,咖啡是总称,是品类,没有形象记忆。而美式,是特定名词,有具体联想信息。

3. 用比喻代替形容词

除了用名词代替形容词,还可以运用比喻或者拟人。

比如说"那个人真霸道",和"那个人像螃蟹一样,横着走"。

霸道是形容词,程度词,没有记忆点。而螃蟹,在大众认知中,就是霸道的代名词。

《围城》是我很喜欢的书,其中有个句子,到现在我一想起来,都忍俊不禁:

鲍小姐只穿绯霞色抹胸，海蓝色贴肉短裤，镂空白皮鞋里露出深红色指甲，那些男学生看得心头起火，口角流水，背着鲍小姐说笑个不停。有人叫她"熟肉铺子"，因为只有熟食店会把那么多颜色暖热的肉公开陈列；又有人叫她"真理"，因为据说"真理是赤裸裸的"。鲍小姐并非一丝不挂，所以，他们修正为"局部的真理"。

哈哈哈，钱钟书，大家就是大家啊。

4. 具体到细节

越细节的东西，越具有画面感。

对于一件事情，每个人会有不同的表述方式。但是如果能对细节和特征描写到位，就能够在听众脑海里构建更清晰的画面。

比如你在朋友圈，写下"和兄弟们半夜吃烧烤"，估计得不到几个赞。

如果这样描述呢？

事隔多年，想起了当时的烧烤摊旁边的灯火。那灯火照在了你我的脸上，啤酒瓶相互碰撞，肉串上了一盘又一盘，到离别的时候，才惊觉时间过得飞快，街灯都已入眠。

不仅点赞数会增加，还会有朋友在下面写评论。因为细节的描述，呈现出了画面，激发了读者的共鸣。

第二章
右脑——精彩演绎，锦上添花

5. 越是生活化场景，越能引起共鸣

故事中的场景，如果听众没有经历过，描述得再生动，也很难在他们脑海里产生画面。比如你讲去北极探险，怎么描绘冰雪的世界，怎么描写极光的美丽，都很难形成画面，这离大多数听众太远了。

而生活化场景，如果描述到位，就容易产生共鸣。

比如我上面讲到机场的画面，大部分听众都有过在候机楼候机的体验，就容易进入到其中。再比如我讲什么是人格，人格就是在不同场合下，戴上不同的面具。我会拿女儿做例子，故事是这样讲的：

有一次出差回家，我拖着箱子打开家门，看到我6岁的女儿，在沙发上看电视。她倚靠在沙发上，翘着小二郎腿。我妈妈坐在旁边，对着一盘葡萄，把葡萄皮剥掉，把葡萄瓤喂给我女儿，还用蒲扇，给她扇着风。

听到我换鞋的声音，我女儿，扑棱就从沙发上坐起来，拿过葡萄盘子说："奶奶，我自己能剥！"

我当时就想，我女儿的人格在慢慢成熟。她知道在奶奶面前，和在我的面前，应该以什么样的方式来表现。

这段故事听众听来，就会有共鸣。因为这个画面很生活化，日常生活中会发生，场景并不陌生。

6. 表演要到位

最近在网上看了冯小刚的《只有芸知道》，看完很是高兴：还好，没花钱去电影院看。

整个故事，乏善可陈。这样的故事情节，随便一个电影编剧坐在那儿，我估计一天可以编 10 段。而且，情节演绎也不到位，演员表演和配乐渲染，总是差那么一点点儿：刚要感动，没了；刚要开心，没了。

培训师讲故事，要避免这样。讲故事时，一定会涉及人物的对话、动作、表情。

模仿不同人物时，比如学到孩子，就要用孩子的声音和动作，稚嫩、天真。模仿老人时，就要苍老和成熟。

越到位，越有画面感。不能想学，又不好意思学，听众准备和你进入某种情境情绪了，你倒收了。就像烧开水，好不容易烧到 50 摄氏度，就断了电。结果是不上不下，不温不火，平平无奇。

2019 年 "我是好讲师" 大赛，有我江西的弟子万冉，她是一名幼儿园园长。参加决赛时，她讲到和孩子对话时，角色演绎非常到位，在园长和孩子对话中，两个角色切换得十分生动。

不出所料，她讲的故事，得到评委的一致认可，实至名归，拿到了所在赛场唯一的 "最佳演绎奖"。

以上我们分析了讲故事的套路——SCORE 模型，也分享了六种构建画面感的方式。

讲故事是一种技巧，技巧是需要练习的。我现在上课时讲的每一个故事都已经不知道讲了多少遍。我甚至可以知道：讲到哪句，听众会说什么；讲到哪句，听众会笑；讲到哪句，听众会陷入思考。

这都是练习的结果。相信如果你掌握了上面的套路和技巧之后，勤加练习，一定可以讲得越来越好。

如何成为讲故事的高手？

欧阳修的《卖油翁》里早就给出了答案：无他，唯手熟尔。

第二节
故事的高级形式：隐喻故事

上一节中，我们谈到的故事，指的是真实的故事。也就是真切发生在培训师自己身上，或者身边人身上的故事。虽然情节可能会有少许夸张，但故事大部分是真实的。

我一直主张培训师讲故事，要讲自己和身边人的故事，这样更真实，更有力量。我很少在课上讲马云、乔布斯等等。因为他们不是普通人，他们的故事没有说服力，或者很难给我们借鉴意义。

而现在在培训课堂上，有些培训师高手，越来越喜欢讲隐喻故事。尤其是这些年，教练技术蓬勃发展，好多国外的教练大师，都喜欢讲隐喻故事，比如埃里克森教练流派创始人玛丽莲·阿特金森。

隐喻一词来自希腊语，代表传递，将真实的事物，以映射、类比的方式传递出来。隐喻故事，是结构比较完整的隐喻手段。用讲故事的手段，去影响听众的思想和行为，是传递知识、经验、建议最为理想和委婉的方式。

隐喻故事不一定真实，或者大多数情况下，都是不真实的。它像寓言一样，需要听众思索和反刍。它一般不大段阐述观点和结论，让人们自己体会其中传递的态度。

比如在本书序言中，我讲述的老师傅修轮船发动机、养蚯蚓的两个故事，就是隐喻故事。它们的真实性有待考证，考证也考证不出来。但是不重要，有寓意就好。

我曾经在公众号文章里，讲过这样一个故事：

在一个岛上，有一片香蕉园。香蕉成熟时，岛上的猴子就来偷食，经常趁夜色而来，对香蕉园一番糟蹋，让岛民防不胜防，头疼不已。

一段时间之后，岛民终于想出一个办法。

他们在香蕉树上，用结实的绳子，拴上椰子，椰子上打了一个猴爪大小的洞。椰汁被倒空，里面放上一种甜米，这种甜米是猴子特别喜欢吃的食物。

第二章
右脑——精彩演绎，锦上添花

夜幕降临，偷惯了香蕉的猴子，又如约而至。不，没约就来了。

一只小猴子，探头探脑观察敌情，确定安全后，噌噌噌爬上了香蕉树。扯下，剥开，吃掉一根香蕉。当再伸手够香蕉的时候，哟，小猴子忽然看到头上有一个椰子。它好奇地伸手，不，伸爪碰了一下，迅速地收回。哦，安全。它接着又试探地碰了几次，没事儿！不但安全，而且，从椰子的洞里，散发出诱人的甜米味道。

小猴子完全忘记了香蕉的事儿！它在椰子洞口摸索了一会儿，内心好一番纠结。

终于抗拒不了诱惑，伸爪进去，握住了那团甜米。可洞口的大小，只能容猴爪进去。进去是进去了，可握住甜米，攥成了猴拳，就退不出来了！

小猴子百般挣扎，可无论如何挣不脱。它想连椰子一起扯下来，可绳子将椰子牢牢系在树上。它只需要将手里，不，爪里的甜米松开，就可以挣脱。

可那诱惑太大了，它怎么也舍不得。就这样折腾了一夜，小猴子精疲力竭。第二天早上，岛民赶来。看到有人过来，小猴子剧烈挣扎，但还是不舍松手，最后被生擒活捉。

用同样的方法，岛民又逮到了几只猴子。猴群里一传十，十传百，再也没人，不，没猴儿敢去偷香蕉了。

猴子是多么容易分心啊！本来它们是要偷香蕉的，而半路受到了吸引，分了心，就忘记了自己想要什么。

我们也很容易分心，忘记了自己最初的目标。

隐喻故事，不会生硬地灌输一番大道理，而是以故事为载体，让听众自己体会。而且和一般故事相比，效果很好，往往会意味深长。学员们离开教室之后，每每想起，都会觉得心有戚戚。

中国古代，有很多这样的故事，像大家耳熟能详的苏东坡和佛印的故事。

一天，苏东坡和佛印坐禅。苏东坡问佛印："你看我像什么？"佛印毫不犹豫回答："学士像一尊佛。"接着他反问苏东坡："你觉得老僧像什么？"苏东坡看佛印穿着黑色僧袍，人长得又胖，盘腿往那里一坐，黑乎乎一大块，就开玩笑说："禅师像牛粪。"佛印听了既没有生气，也没有说话，怡然自得闭目养起神来。

苏东坡非常高兴，跑回家洋洋得意和苏小妹谈起此事。苏小妹听了，不屑地说："哥哥今天输得很惨啊。佛印说你像佛，说明心中有佛。而你说他像牛粪，想想你心中有什么吧？"

这是很典型的隐喻故事，不直接教导你该心存美好等大道理，讲个故事，自己去体会。

关于隐喻故事，推荐两本书，一本是埃里克森教练技术创始人玛丽莲·阿特金森的《高级隐喻》，一本是理查·班德勒和约翰·葛瑞德（两人是 NLP 创始人）合著的《出神入化》。

第三节
金句，适当给课程熬点儿心灵鸡汤

"每一件与众不同的绝世好东西，都是以无比寂寞的勤奋为前提的。要么是血，要么是汗，要么是大把大把曼妙青春好时光。"

在吴晓波 2020 跨年演讲里，大屏幕上分享了这句话，读起来直击人心。其实这句心灵鸡汤，不是他说的，网络上早几年就有。

谁说的，并不重要，重要的是，这句话很好，发人深省，引人沉思，这就是金句的力量。

这几年罗振宇的跨年演讲，把金句这种手段，运用到了极致。每每讲完一段内容，大屏幕上就会出现一段话，整个屏幕只有一句话，非常醒目。他演讲过程中，和演讲之后，朋友圈里充斥着这些金句。

是的，我发现在培训过程中，学员举起手机咔咔拍的，有两类内容。一类是你在屏幕上分享了一个模型，什么三角啊、矩阵啊、金字塔啊。一类就是这种金句了。课后你翻学员的朋友圈，对课程的分享，就这两类内容。哦，再加上学员的自拍和桌上他的姓名卡，表示自己参加了课程。毕竟，很多人发朋友圈，就是为了表示我上过这个课，学没学到东西，不重要。重点在于秀，我来了，我上了。

金句，指的是像金子一样宝贵、有价值的话语。说者不一定有名，但通常正面，足够发人深省，鲜活生动，与听众的内心产生共振。

金句的运用，有以下几个特点：

1. 凝练

金子可贵就在于少，少才贵，所以金句通常简短、凝练。比如说一大堆"我们现在要孝敬父母啊，多回去看看。他们还能陪伴我们多少年啊，一定要珍惜他们还在的时光，等父母走了就来不及了……"都不如这一句："父母在，人生尚有来路；父母去，人生只剩归途。"你就觉得，哇，太有内涵了，我怎么就想不到，太厉害了，比那句"树欲静而风不止，子欲养而亲不待"还好。

再比如，说一大堆"不要惧怕困难，一步步去努力，所有的成功，都是慢慢累积起来的……"都不如这一句："怕什么真理无穷，进一寸会有一寸的欢喜。"哇，你就觉得格调好高。

2. 可能会用到押韵、对仗、排比等手段

之所以金句能够成为金句，除了有内涵之外，在修辞手法上，也体现着功力，通常会用到押韵、对仗、排比等手段。

比如本文开头引用的这句，"要么是血，要么是汗，要么是大把大把曼妙青春好时光"，就是典型的排比。用三个"要么"，构成一个排比，创造出了语言的节奏。

再比如罗振宇 2020 跨年演讲里的一段，也是典型的排比：

不要走在我后面，因为我可能不会引路。不要走在我前面，因为我可能不会跟随。请走在我的身边，做我的朋友。

在我的版权课职场幸福课里，第四个模块"工作意义"部分，带领学员探索了自己最想做的工作之后，我会在大屏幕上分享尼采的这段话：

你要搞清楚自己人生的剧本。

你不是父母的续集，不是孩子的前传，更不是朋友的外篇。

对待生命你不妨大胆冒险一点儿，因为你好歹都要失去它。

这里面的续集、前传、外篇，就是排比句式的应用。

押韵和对仗也很重要，也能创造出独特的节奏。

例如讲到要和同频的人交流，我们可以引用"井蛙不可语于海，夏虫不可语于冰"，就用了对仗加押韵。前后颠倒一下，夏虫不可语于冰，井蛙不可语于海，读着就没有韵味。

在讲到我们每个人得知道自己独特的天赋，才能知道在哪里可以发挥你的天赋时，我会讲到这段话：

鸟在天上飞翔，鱼在水中遨游。你要搞清楚你是鸟，还是鱼，这样才知道哪里是你的天堂，哪里是你的地狱。

这里的"天堂"和"地狱"，用到了对仗。而"鱼"和后面的"地狱"，用到了押韵。也就是说"鸟"和"鱼"是不能颠倒的。"你要搞清楚你是鱼，还是鸟，这样才知道哪里是你的天堂，哪里是你的地狱"，虽然颠倒后意思完全没变，但读起来就差那么点儿意思。

每每遇到金句的时候，如果读上去不朗朗上口，我就会自己雕琢一下，尽量运用上押韵、对仗、排比等手段，立刻就会让原本平平无奇的句子，熠熠生辉。

比如《肖申克的救赎》里有一句金句：有些鸟儿是注定不会被关在牢笼里的，它们的每一片羽毛都闪耀着自由的光芒。这句话非常有内涵，网络上有很多的版本，但都不够凝练，节奏感也不好。我把它改成了：有些鸟儿，注定是关不住的，它们的每一根羽毛上面，都闪耀着自由的光辉。

把前面的"是注定不会被关在牢笼里的"，缩短为"注定是关不住的"，更凝练，短句更有力量。把"每一片"改为"每一根"，把"光芒"改为"光辉"，更押韵。目前为止，我觉得自己的这个版本，是最好的。

我一直强调，培训是左脑和右脑的结合。一般来说，大部分培训师授课的时候,比较擅长用左脑,就是内容的表达,而严重缺乏用右脑去演绎。提升右脑,最简单的方式,就是运用金句,瞬间画龙点睛。

3. 语速一定要慢,可以重复两遍

使用金句时,培训师的语速很重要。语速一定要慢,要比正常讲课时的语速,至少慢一半,给学员咀嚼和消化,记录或拍照的时间。而且,一般要重复一下,至少说两遍,对学员的触动更深。

那么金句,适合用在培训课程的什么地方呢?

第一,用在一个主题讲完之后

金句不太适合用在培训的开场,或者一个主题开始的部分,因为听众还没有进入状态,情绪不到位,金句的力量感就不能充分发挥。没有铺垫,陡然端出一碗心灵鸡汤,大家咂摸不出味道,甚至可能会反感。

讲一个主题的过程,就是熬制的时间。熬啊熬,时机成熟,再端出来,听众才会消化吸收,感觉到受用。

比如我在讲高效能人士的 7 个习惯课程时,会讲到"影响圈"和"关注圈"的概念:影响圈就是你能影响和改变的事情,关注圈就是你只能关注,但基本影响和改变不了的事情。讲完了概念,让大家明确区分这两类事情,用故事加以演绎,学员还做了练习之后,我才会在屏幕上用下面这段话做总结:

主啊，

请赐我勇敢的心，去改变我能改变的；

请赐我平静的心，去接纳我不能改变的；

请赐我智慧的心，去分辨这两者。

这段话中勇敢的心改变的，就是影响圈里的事情。平静的心接纳的，就是关注圈里的事情。智慧的心，就是要分清哪些事在影响圈，哪些事在关注圈。

每次效果都很好，学员很喜欢这段话，一定会有很多人举起手机拍照。这个金句出现的就恰逢其时，用来总结这个主题。

再比如职场幸福课，讲完了"自我发展"这个模块，教大家制定了年度目标之后，我就用"有些鸟儿，注定是关不住的，它们的每一根羽毛上面，都闪耀着自由的光辉"来做总结升华，告诉大家：发展是自己的事情，如果你想成长，不要依靠公司、组织；同时，你想成长的话，没人能够阻拦你。

一个大的课程，每一个小主题结束之后，特别适合用一个金句，或者一个故事，来总结。画龙点睛，意味深长。特别是那些只擅长左脑的培训师，如果短时间不能迅速提升右脑的演绎水平，就在课程中，合适的地方来段金句，可以迅速升华。

第二，用在整个课程结尾

除了用在某一个主题的结束，金句也可以用在课程的结尾，用来总结和升华。比如上面我用的那个例子，我经常用它来结束一个课程。

这个就不赘述了，道理同上，目的是用金句来引发学员思考。

余音绕梁，三日不绝。

说了这么多，那些左脑比较发达的培训师可能会有疑问："鹏程老师，我语文不太好，写不出金句啊，该怎么办？"

虽然我语文比较好，但我用的金句，大部分也不是我写的啊，也是借鉴别人的。

我们该有这个意识，看到一个金句，就把它抄下来，放在自己的素材库里。然后，经常看一看，最好在后续的课程里，或者写文章时候，用上它们。用着用着，这个金句就内化了，就成你的了，需要的时候，脱口而出。

我就有这个好习惯，读书的时候，或者朋友圈看到一个金句，就拍下来，或者截屏下来，时不时看看。即使记不住，设计课程或者写文章的时候，想要用到某句，就去查找。这就像小时候，我们都有几个小本本，上面摘抄着名人名言，一样一样的。

写到这里，我停下来，翻了翻手机里保存的图片，随便分享两句给大家。

比如这句：

我们曾经如此渴望命运的波澜，到最后才发现，人生最曼妙的风景，竟是内心的淡定与从容；我们曾如此期盼外界的认可，到最后才发现，世界是自己的，与他人毫无关系。

这是一段模仿钱钟书夫人杨绛先生《一百岁感言》的仿作,虽不是杨绛先生所作,但也很有内涵。

另一句是和张爱玲有过交往的,风流才子胡兰成写下的恋爱箴言:

若她涉世未深,就带她看遍世间繁华;
若她心已沧桑,就带她坐旋转木马。
若他情窦初开,你就宽衣解带;
若他阅人无数,你就灶边炉台。

这句不太正经,不太符合金句积极正面的意义。但很是有道理,每每遇到这样的段落,我都赶紧收藏起来。

去年买了一套金庸全集,我六年级的女儿,没事儿就去我书房翻翻。有一天她看了一会儿,盘腿坐在书房飘窗,书扣放在膝盖上。她望着外面,脸上带着笑意,眼睛里闪着光,含着笑,摇着头,嘴里直咂摸。

我疑惑地问:"你怎么了?"

女儿说:"这金庸,这哪是武侠小说啊,这不是爱情小说吗?"

我问:"怎么是爱情小说?"

女儿感叹:"这段誉和木婉清这段,写得太暧昧了……"

我:"暧昧……?我还是第一次,听人用'暧昧'字来形容金庸的小说。"

她继续摇头:"暧昧,太暧昧了!"

我说:"如果你觉得好,可以背下来。这样,以后你写东西,直接引用,或者模仿着写,你的文章,也会越来越'暧昧'。"

金句不用自己创造,引用别人的,就可以了,瞬间就让你的课程更有范儿,更灵动。

第四节
幽默的四种方式

无论是什么类型的课程,如果培训师比较幽默,都会给这个课程加分。现在就讲几种常用的幽默手段。

一、错位

看看上面这张图片，你会不会会心一笑？周围一片荒凉，房屋破败，装备和装饰老旧不堪，而门口的柱子上挂着一块牌匾：夜巴黎。

当一件物品，和环境出现反差，出现在不该出现的地方，不该出现的时候，就会形成不协调，产生幽默的效果。

这就叫作错位。错位有两种：一种是空间错位，一种是时间错位。空间错位就是，东西出现在了不该出现的地方；时间错位就是，东西出现在了不该出现的时间。

比如相声段子里常常有这样的话：

我去肯德基，吃了个麦当劳。

我去甘肃，买了套海景房。

第二章
右脑——精彩演绎，锦上添花

这张当年疯传网络的照片，用的也是空间错位的底层逻辑。沙子、高脚杯、泳裤，不该出现在街边。可是这些偏偏出现了，再加上那句"不要活在别人的眼里。只要心中有沙，哪里都是马尔代夫"的金句，就产生了幽默的效果。

周星驰的电影里，这种手法比比皆是。比如经典的《国产凌凌漆》开篇，凌凌漆落魄于卖肉摊。周围是喧闹的市场，人来人往。摊子上方用钩子，挂着一扇扇的猪肉。案子油腻的菜板上，劈着主人公的切肉刀。而主人公，光着上身，套着皮围裙，以极其潇洒的姿态，从案子上端起一杯鸡尾酒。

这杯鸡尾酒，与周围喧闹的场景格格不入，凸显了主人公的卓尔不群。

记得在我就职的第二家公司，当时的丹麦籍总经理，很擅长用这种手段。有一年，全体员工参与的年会，在一个体育馆里举行。当主持人邀请总经理致辞的时候，他没以传统正经的西装形象出现，而是身着银光闪闪的宇航服，手中托着宇航帽，从体育馆楼上的扶梯上，缓缓而下。那年中国有一颗很重要的，里程碑式的卫星刚刚发射成功，他就用这个为噱头，穿着宇航服就出现了。当时现场一片掌声、笑声。因为宇航服，不应该出现在年会这样的场面。

还有一年年会，他和销售副总做了一出戏。他先讲话，谈到公司下一年销售目标时，他说："现在请我们的销售副总来为大家分享。"

这时候，会场大门打开，销售副总出现：头戴瓜皮帽，鼻梁上架着圆圆镜片的墨镜，身穿算命先生的长袍大褂，右肩扛着布幡，上面写着"半仙"二字。

他缓缓踱步到台上，把布幡靠在讲台上，摘下墨镜，拿起麦克风说："明年的销售业绩能达到多少，我哪里知道？这个我只能算一算了。"

台下哄堂大笑。

这都是运用了空间的错位，在某个场景里，不该出现的东西，偏偏出现了，就会搞笑。

我现在讲课时，在电脑包里会随身携带一个手摇的铃铛。学员做小组讨论，时间到了的时候，我会拿出铃铛一通摇，每次都会产生"笑"果。这就是空间错位，手摇铃铛通常出现在港片道士驱魔的场景里，突然在课堂上摇起来，就会很搞笑。

2019年鹏程管理学院举办游学活动，我带六十几名弟子去了西安。上课的时候，全体学员穿着租来的汉服，特别好玩，大家各种拍照晒朋友圈。这也是空间的错位，汉服一般不会出现在现代的课堂里。

当然，汉服这个手段，不仅利用了空间错位，也用到了错位里的第二种方式，即时间的错位。

时间的错位，指的是不应该出现在某个时代的东西，突然出现，与周围环境形成反差，从而引发幽默效果。或者说某个时代的人，不会做某件事情，突然做了，就会搞笑。

相声段子里经常出现这种手法：

第二章
右脑——精彩演绎，锦上添花

孔子说：中午不睡，下午崩溃。

给我来一瓶82年的雪碧。

《国产凌凌漆》周星驰那把传统的、完全跟不上现代特工装备水准的杀猪刀，春晚舞台上赵本山那顶家喻户晓、现在根本没人再戴的帽子，用的都是这种手段。

比如去年特别流行的"××说"，大家都喜欢用这个梗，就是用了时间错位的梗，因为××不会说这样的话。

还有故宫出品的关于皇帝的系列漫画，画面里康熙比着剪刀手，摆出搞笑表情，大受欢迎。以及前几年关于杜甫的漫画，杜甫在漫画里无所不能，甚至像哈利波特一样骑扫帚，令人忍俊不禁。

这种手法，怎么应用到培训中呢？

我有时候讲课，当分享稍微有点儿哲理的话的时候，就会在屏幕上放出这段文字，然后署名"××"。讲完之后再一翻PPT，就放上××的图片：我没说过这句话——××。每次都有"笑"果。

现在讲第二种幽默方式，也是很多培训师喜欢用的。

二、神转折

这种手法追根溯源，可能与美国作家欧·亨利小说结尾的手法有关，出人意料陡然急转。它在内容与形式上违反人们习见的常情、常理、常事，给人以感官的刺激或情感的震动。它用结尾的三言两语，四两拨千斤地将前文中用九牛二虎之力营造的氛围破坏得一干二净，将读者雷得七窍生烟或是佩服得五体投地，带来的是意想不到的搞笑和讽刺效果。

比如：

每个人都应该热爱动物，
因为它们很好吃。

按照思维习惯和人之常情理解，说完"每个人都应该热爱动物"，之后要表达什么呢？

听众的期待，可能是"动物是人类的朋友啊"等等，一类高大上的表述方式，可说话的人陡然转到一个很俗气的手法，就会有幽默的效果。

还有英国剧作家奥斯卡·王尔德说过的一个段子：

年轻时候，我一直觉得钱很重要，到老了才发现：
真的是这样。

当你听到前一句的时候，思维会按照惯式往下接：到老了的时候他可能会发现，相对于钱而言，亲情啊、爱情啊，等等，更加重要。

可他偏不这样说，转向一个你意想不到的方向。

这里再举两个例子：

人人都应该有个明确的目标。不要在意旁人如何看待自

第二章
右脑——精彩演绎，锦上添花

己，不管先天条件怎样，只要你肯把精力集中在一件事情上，专心致志地做，昼夜不停地做，任劳任怨地做，那么最终你一定会证明自己，确实不是这块料。

拥挤不堪的公交车上，年轻的男孩紧紧搂着才下班的女友在耳边许下承诺："现在的你肯跟着我一起挤公交，是委屈你了，以后我一定让你坐上我的车下班回家。"三年后，同样的地点，女孩感动地望着驾驶座上那个言出必行曾对自己许下承诺的男孩，他通过三年的努力，终于成了这班公交车的司机。

文字表达可能有局限，在培训现场讲效果会更好。

在使用神转折这种手法时，有两个要点需要注意：

第一，前面的表述，要能让听者按惯式产生自然思维联想。

比如说到"人人都应该热爱动物"，或者"年轻时候，我一直觉得钱很重要"，人们自然而然会向高大上的方向联想。

第二，前面的铺垫，要营造出足够的氛围，结尾才有"笑"果。

像本书序言里讲我自己的段子，前面铺垫了买镯子的事，算一个小笑点。而结尾老婆那句"老公，你怎么能这么说呢，学区房怎么能和你比较呢？"就是在营造高大上的氛围，这样结尾才会出人意料。

之前因为喜欢跑步，爱戴运动手表，讲课的时候穿西装、穿衬衣，也戴着一块运动手表。

一次课上，有个弟子说："师父，你吧，讲课是真好。可是穿西装戴运动手表，这品位也太差了。等弟子有了钱，送你块欧米茄。"

我当时回复说："你怎么这么庸俗呢？还用穿什么衣服，戴什么手表，去评判一个人的品位。一个人重要的不是穿什么，戴什么，而是内涵。送什么手表啊，你有那个心，直接转账给我就行。"

这就是神转折。

三、自嘲

如果让你想一想，全世界范围内，娱乐圈有哪些笑星。

我估计你会想到憨豆、卓别林、金凯瑞、周星驰、陈佩斯、赵本山、小沈阳等等。这些人，有什么共同特点呢？

表情特别夸张，不计较外在形象，常常以倒霉的样子出现，以牺牲自己娱乐他人。

从心理学角度讲，这些表演，会让观众心理产生优越感，觉得"啊，他怎么这么笨啊！太蠢了这人，太好玩了！"

我三岁的儿子，看动画片《猫和老鼠》《熊大熊二》，每次看到猫倒霉，光头强摔跟头时，就在沙发上乐不可支。

所以在周星驰的电影里，经常有这样的桥段：西装革履、手捧鲜花，在路旁倚着栏杆等女神，女神出现，周星驰跨过栏杆，扑通就摔个大马趴。

而贾玲，以前很好看，但是说相声演小品，一直不温不火。直到体型胖胖的自毁形象,才得到观众的认可。

宋小宝,黑不溜秋做贵妃打扮,扭捏作态,摇着兰花指,晃动着身子念出那段台词:"自打我入宫以来啊,就独得皇上恩宠。我劝皇上雨露均沾,可皇上非是不听呢!"

综上所述,这里要介绍的幽默手法是"自嘲"。自我贬低、嘲讽、自黑,以娱乐听众,达到幽默的效果。

自嘲最常用的手段,是嘲讽自己的身体特征。

比如头发稀疏的培训师,可以说自己头发茂盛;个子矮矮的培训师,可以说自己身材高大;胖胖的女老师,可以说自己身材苗条;皮肤黝黑的培训师,可以说自己怎么这么白。

我身高一般,比较单薄,讲课的时候就经常说"各位,我是东北人。我想我不用介绍,大家从我彪悍的体型也看出来了"。通常听众会笑,这就是自嘲。

拿身体特征做自嘲,也可以借助照片的形式。在屏幕上投出早年间,你特别胖、特别瘦、特别土、特别丑的照片,观众一般会笑。

自嘲还可以嘲讽自己过往的经历。

像岳云鹏,讲到第一次吃比萨,就管比萨叫"馕",还形容"这么大的饼,上面撒着肉"。

有一次我深圳的一个弟子讲课,他上台说:"各位,我来深圳五年了。这五年,通过自我奋斗,我赚了两个亿。"

听众就"哇!",感叹并好奇。

他慢慢悠悠地说:"一个是回忆,一个是失意。"

观众笑成一片。他用了谐音，也用了自嘲。

还有一个弟子上台分享说："大家好，我现在自己创业，是个连续创业者。为什么说是连续创业者呢？因为前几次创业，都失败了。"

口误也是自嘲的一种形式。口误就是故意说一些，本来不应该说错的话，以引发笑点。

在讲演讲课的时候，我强调演讲的主要内容，不能超过三点，多了听众就记不住了。三这个数字，特别神奇，我们有很多关于三的成语或俗语。

比如"一个篱笆"，听众就会接"三个桩"。我说"一个好汉"，听众会接"三个帮"。

我说"一鼓作气，再而衰"，听众会接"三而竭"。

我接着说，"三个诸葛亮胜过一个……"，我就停下来，观众就会有人笑，纠正我说："是三个臭皮匠！"

这就是口误，故意说错耳熟能详的词语，由观众来纠正。

再比如，讲到让我很感动的一件事，我会讲这个故事。一次讲完课，去赶地铁，在路边看到一个残疾人。他没有双腿，前面摆着一个碗要钱。因为见过太多这样的人，我很麻木，就没给钱，匆匆而过。走出了20多米，我又返回来了。因为刚刚路过的时候，感觉这个残疾人要钱的方式不太一样。

我走回来，终于看清楚：他不是直接让大家施舍。而是用绿色的麦秸，也就是小麦的秸秆，在编螳螂，编一个插在面前的杆子上一个，上面用纸标着：10元。

第二章

右脑——精彩演绎，锦上添花

讲到这里，我故意说："是螳螂吧？还是蟑螂？"

每次讲到这里，都会有学员笑，会有人纠正我："螳螂！"

这就是口误，给机会让听众纠正你的低级错误，激发听众的内心优越感。

自嘲，是我个人经常用的一种幽默方式，也是学员很喜欢的方式。它的本质，是降低培训师的姿态，不要让学员觉得你高高在上，从而产生距离感和抵触感。

我有个女弟子在威海，是一所大学的招生就业处处长，年近五十。她说有一次给学生上课，穿着运动装走进教室，端着杯奶茶，还哼着歌。课后有学生反馈，今天的老师真好，一点儿也不端庄，不端着，不装，特别接地气。

这个时代，听众越来越年轻，是个去中心化、去偶像化的时代。

自嘲可以让学员觉得，哇，培训师也是普通人啊，如此地亲近。培训师不把自己当回事儿，学员才会把你当回事儿。

在这里，特别给女培训师一条建议，可以尝试在面对年轻学员时使用，那就是偶尔，可以爆一句粗口，学员会很喜欢很喜欢你。

这不是我瞎说的。美国西北大学做过这样的心理学研究，偶尔，在合适的场景表达惊讶或愤怒情绪时，爆句粗口，不是很低俗的粗口，这样老师更受同学欢迎。学生们会觉得，你和他们是一样的，是平凡人。

而且，长得越好看的女老师，偶尔说句接地气的话，越受欢迎。我清晰地记得，有一次出去参加培训，遇到一个长相和气质都很好的女同学，男生们欣赏她，但不敢怎么接近，因为她给人冷冷的，拒人于千里之外的感觉。

一天午餐，她夹了口菜放进嘴里，忽然说道："我去，这也太难吃了！"瞬间，男生们觉得她好可爱，仙子，终于落到了凡尘。那之后，大家都愿意接近她，她在班里交到了好几个异性好朋友。

当然，这个要适可而止，粗口不能太低俗。在年龄偏大的学员群体，或者比较严谨正统的单位里，培训师是不能爆粗口的。

总结来说，自嘲就是拿自己找乐儿。自嘲程度的深浅，取决于和学员的熟悉程度。最近我在给鹏程管理学院的弟子讲课的时候，喜欢用这个段子。

因为刚刚买了一块名表，在马上要上课的时候，我故意抬起左腕看一下手表，然后抬头问下面："现在几点了？我们是不是该开始了？"

下面通常会有学员回答几点几点。

我会接着说："自从买了这块表之后，特别喜欢和别人对时间。"

下面就会一片哄笑。

四、押韵

押韵是指用末尾押韵的短语或者句子，来呈现幽默效果的形式。

例如：

理想很丰满，现实太骨感。

人是铁，饭是钢，一天不装憋得慌。

例如形容新时代女性：上得了厅堂，下得了厨房，写得了代码，查得出异样，杀得了木马，翻得了围墙，开得起好车，买得起新居。

类似这样的句子，就是押韵。我在讲课时，也会经常运用这种手段。

比如讲到一个人没有什么业余爱好，很无趣的时候，我会说：唱歌不行，跳舞不会，打牌就输，喝酒就醉。

讲到职场不如意，萌生跳槽想法时，我会说：此处不留爷，自有留爷处。处处不留爷，爷当个体户。

讲到目标制定时，我会说：我们要做好年度目标的分解，不然的话，制定年度目标时，都是琴棋书画诗酒花，到年底一总结，又都是柴米油盐酱醋茶。

以上介绍的四种幽默方式，除了错位可能用到道具之外，其他三种，神转折、自嘲、押韵，都是语言形式的幽默。

除了语言，我们还可以利用图片、视频等形式来传递幽默，不过这不是我们要探讨的主要内容。

关于图片和视频幽默，平时需要具有敏感性，不一定特意去寻找，在网上，看到一张图片或者一个好玩的视频，立刻反应，可不可以放在自己的哪个课程里，诠释哪个主题。

比如有一天，在一个群里，有人分享了一小段视频，一个女主持人在活动开场时做主持，她特别紧张：声音发颤，语无伦次，拿着稿子的手哆哆嗦嗦，两条腿一直在抖。

我立刻想到，这可以用在演讲或者培训课，讲如何消除紧张的环节。存下来之后，在厦门讲TTT，讲到紧张环节，谈及在台上大家会有什么紧张表现时，我就放了这段，现场效果超赞。

万千的文字，都比不上一段视频。

第五节
精彩的开场

一场培训，一个演讲，要做到左右脑平衡和完美结合，这是本书一直强调的。那么单从演绎的结构看，什么是一场好的培训或者演讲呢？

那就是要做到开场吸引人，中间很饱满，结尾很有力。即做到：凤头、猪肚、豹尾。就像下面这张图片呈现的一样。

第二章
右脑——精彩演绎，锦上添花

开场要像凤凰的头一样，靓丽精彩；中间内容要像猪的肚子一样，圆润饱满；结尾要像豹子的尾巴一样，简洁有力。

中间内容，我在第一章阐述得很清楚了。这一节和下一节，我们来谈谈培训的开场和结尾。

开场不是指破冰游戏。破冰游戏我们之前谈过了，它可以和培训主题毫无关系，仅仅就是为了让学员相互熟悉，营造良好的学习氛围。开场指的是破冰之后，正式进入课程讲授，怎么样引出主题。开场的重要性毋庸置疑，这是学员对老师形成第一印象的重要时刻。

我们再也没有机会，给别人留下第一印象了。

一、有力的提问

提问是最简单，而且屡试不爽的开场方式。它可以引发听众思考，激发学员的参与，从而引出培训主题。

在《中国合伙人》那部片子里，有个情节，邓超演的角色，和大学同学在一起交流，就用了这种方式。

邓超问在座的同学们：我想请大家用一个词，来形容我们这一代人。也就是如果用一个词，来形容我们这一代人，应该是什么？

同学们纷纷回应：追赶、理想、冲动、自由、怀疑、孤单、渴望真诚……

邓超说：你们有没有想过，在这儿，我们谈过了太多的思潮、主义、方法，为什么，因为我们都想找到一个现成的答案，我们都希望有人能够告诉我们怎么样去生活。其实呢，没有人能告诉我们怎么样去生活，生活是自己的。我们自己提出的问题，应该由自己来回答。（说到这里，他跳上了桌子）所以我认为，我们这一代人，最重要的是改变。改变身边每个人，改变身边每一件事，唯一不变的，就是此时此刻我们的勇气。如果我们能做到这一点，我们将改变世界。

说到这里，激昂的音乐响起，这段表演达到高潮。

这就是提问。

提问分为两种。一种是让学员独自思考和回答，比如一个团队管理主题的课程，开场可以问学员：对于团队管理，你现在面临什么问题？学员可以各抒己见，口头回答。

一种是让团队思考和解答。比如同样的主题，可以请每个小组，讨论五分钟，在大白纸上写下，目前在团队管理中面临的问题。小组分享后，培训师可以总结过渡："接下来我们进

第二章
右脑——精彩演绎，锦上添花

入今天的培训，培训结束之后，看看你们的问题，是否得到了解答。"

开场提问，需要注意两点。

第一，问题要简单。

刚刚开场，学员还没进入上课状态，不宜提需要太多思考才能有答案的问题，否则容易冷场。

第二，不宜点名让某个学员回答。

这个不光适合开场，整个培训过程中，最好把问题抛给全体学员，不宜直接点名要某个人回答。因为他很可能没有答案，或者根本没听你讲课，这就很尴尬。你看着某个学员，眼睛睁得大大的，好像认真听你讲课，没准儿脑子在神游，琢磨中午要吃什么。

向全体学员发问，等待自主的回答。实在没人主动，你再点名那些看着你的，貌似有想法的同学来回答。

讲了这么多年课，我一直在思考：培训师为什么要提问？真的是想引发学员思考，激发参与度吗？

不是，这些都是表面的原因。提问最本质的目的，是要引出培训师想表达的内容。这个，培训师自己知道就好，不要让学员知道。

比如邓超这段表演，为什么让大家先回答？是为了引出自己那段，关于"改变"的内容。

培训师在课堂上的每次提问，不也是这样吗？听了学员的答案，不是为了引出自己后面要表达的主题或内容吗？提问只是方式和手段，要引出后面的内容，才是目的。当然，引导式培训除外，那种培训就是通过提问，让学员自己找答案和解决办法、行动方案，培训师基本不提自己的见解。

基于此，培训师要提前设计问题，确保能得到自己想要的答案。

记得一次在苏州，给一家公司讲TTT，第二天下午学员演练，每个学员上台讲十五分钟。

一个男生，要分享的主题是：为什么网球比羽毛球流行。全世界范围内，打网球的人，比打羽毛球的人更多，他想和学员分析背后的原因。

上台之后，他用了提问这种开场方式："我想问一下，在座的各位，打网球的，请举手给我看。"

现场，没有一个人举手。

他接着问："那在座的各位，打羽毛球的，举手给我看。"

哗～现场举起好多只手。

他本来要讲的是，为什么网球比羽毛球流行，结果，现场人都是打羽毛球的。

这个兄弟双手抱头，完全不知道该怎么往下讲。

当然，如果他是个成熟的培训师，还是可以绕回来的，可以这样过渡：没错，在中国，的确是这样的，打羽毛球的人远远多过打网球的人。而从世界范围看，打网球的人更多。为什么呢？我们进入今天的主题。

总之，培训师提问题，终极目的，是为了引出自己后面要表达的观点，或者想讲的主题。

二、切合主题的故事

用一个和培训主题相关的小故事开场，是极佳的手段。

比如去客户那里，讲客户服务的主题。你不妨这样开场：

同学们，早上来到贵公司，和你们前台的小姑娘打了招呼，说自己是来培训的讲师，她热情地招呼我在前台旁边的沙发上坐下，还给我倒了杯水，说稍等一下，她打电话给HR负责培训的人出来接待我。

她的专业、热情，给我留下深刻的印象。今天我们课程的主题，是客户服务，我们来一起探讨一下，从哪些方面入手，能让咱们公司的服务，都给客户呈现出早上前台小姑娘呈现出的状态。

这就是用一个和主题相关的故事来开场。

我讲了18年课，到现在还认为，在青岛的一次课，我的开场，是迄今为止最好的。

当时我在第一家公司就职，去青岛的分公司，给那里的员工讲"客户第一"课程。早上，学员们到场坐好之后，我开始了课程。我说道：

各位青岛的同事,早上好。我是昨天下午,从天津飞来青岛的。晚上没什么事,我想去咱们青岛的栈桥去看一看。栈桥你们一定都知道,就是伸到海里的一段木头桥。

在酒店门口的公交站,我研究了站牌,有一趟公交车直达栈桥,我就在那里等着。当时天色已晚,公交站只有我一个人等车。不一会儿,过来一趟公交车,就是去栈桥的那趟车,我招了下手,表示想坐车。你们猜怎么着,这辆车根本没有停,直接就开过去了。

我心里很生气:青岛的公交车怎么这样?我都招手了也不停。

就在这时候,紧跟着又过来一辆同样线路的公交车,我又招了招手。嗬——这辆,也没停!

我心中更加生气:"这什么服务?!"

就在我很郁闷的时候,一件超过我的认知,你们也绝对想象不到的事情发生了:第一辆公交车,在前面的十字路口,掉头回来,停在我面前,来接我。

车门打开,我受宠若惊上了车,投币的时候,司机说:"不好意思哈,我这趟人比较多,我知道后面还有一辆,以为他会停,我就没停。"

我赶紧说:"没关系,没关系。"一般来说,咱们坐公交车的是弱势群体,冷不丁儿受到这待遇,真是不习惯。上车之后我就琢磨,那第二辆车为什么没停呢?估计是,我猜哈,因为永远不会知道答案,可能司机看到前面那辆没停,以为我不是坐这个线路的。

同学们,昨天晚上,青岛公交司机的服务,给我留下了深刻的印象。青岛司机,青岛人,让我很有好感。那么,咱们公司,在服务方面可以怎样更好地提升呢?怎么能够让我们的客户,有我昨天晚上那种感受呢?现在就让我们进入今天的培训:客户第一。

哇,讲这个故事的时候,学员们聚精会神。而且接下来这一天课,他们非常积极地参与每个环节,因为我夸了青岛人,他们想给我留下更好的印象。

用故事开头儿,有两个要点。

第一,要和主题相关。我们不能为了讲故事而讲故事,故事必须与课程的主题相关。

第二,开场故事不能太长。开场的话,不管是多长时间的培训,都不要超过 90 秒,也就是一分半钟。它就是个开胃菜,为了吊起大家的胃口,怀着兴趣进入后面的主题。

三、震撼人心的事实/数据

前面提到过,在 2019 年"我是好讲师"大赛里,我江西的弟子万冉,拿了赛场的"最佳演绎奖"。当天她讲的主题是怎么和孩子沟通。

一开场,她就分享了这样一个调查。有一家少儿培训机构,分别对美、日、中三国的 2000 名孩子做了调查,问题是:

你最尊敬的人是谁?

在美国孩子心中,父亲排第一位,母亲排第二位。在日本孩子心中,父亲排第二位,母亲排第一位。

她问现场的听众:"各位觉得,在咱们中国的孩子心中,父亲和母亲分别排第几位?"

现场有听众回答:"必须是第一和第二位啊。"

万冉说:"哈哈哈,您是相当自信啊。调查的结果显示,中国的父亲,在孩子最尊敬的人中,只排第七位,母亲,排第六位。"

现场,一片惊叹声。她接着说:"那么我们作为父母的,怎么和孩子沟通和相处,才能在孩子心中拥有更高的地位呢?今天我带来一个方法。"

她用的就是用震撼人心的事实、数据来开场的方法,瞬间引起了听众的兴趣。

再比如我们讲交通安全的课程,就可以在开篇分享,过去一年中国发生了多少交通事故,有多少人死亡。

讲企业安全生产,就可以分享最近几个月,在本市或全国范围内,发生的重大企业安全事故。

讲婚姻关系,可以分享民政局给出的最近两年离婚率。

如果你有机会参加一些保险公司的产品说明会,很大概率,你会在说明会的开篇,看到一些案例,哪个哪个家庭,原本美好幸福,突然妻子生了重大疾病,抢救花了几十万块,债台高筑，可后续治疗和维持，每年还要花很多钱。整个家庭，陷入了无底洞。这一切，都是因为没有未雨绸缪提前买重疾险，如果买了，大部分医疗费保险公司都可以承担。

这种方式，就是用人们意想不到的，震撼的事实和数据来开场，引起听众的兴趣和重视。

有时候，切合主题的故事，和震撼人心的事实，这两种方式可以结合使用。比如讲到情绪压力管理，可以在开头分享重庆公交车上女乘客抢司机方向盘，造成公交车掉到江里的案例。这既是故事，也是震撼人心的事实。

四、使用视频

这两年，我听过一些课，尤其是在"我是好讲师"大赛上，有些选手喜欢用视频开场，让人耳目一新，眼前一亮。比如讲职场沟通，有人播放一段《欢乐颂》。讲管理，有人放一段《甄嬛传》。

用视频开场，要注意两点：

第一，截取的片段，有代表性。要能充分说明问题，以引出后面的主题。片段风格要突出，或严肃，或激烈，或幽默，给人的印象才深刻。

第二，要短。开场用的视频，和前面提到的故事开场方式一样，不能太长，最多90秒。开场的目的是铺垫，只是预热，之后迅速进入主题。铺垫太长的话，听众就会烦了。

五、连接前一个讲者

有时候,培训师去客户那里讲课,会有客户方的领导或者代表,在课程开始之前发言。他们一般会在发言里,讲到这次培训的目的是什么,公司对这些学员的期望是什么。

培训师可以在客户代表讲话之后,连接他们的话,自然过渡到今天的课程主题上。比如,我讲一个"从技术到管理"的课程,现场学员大部分是从技术岗,转到管理岗的。我们可以说:"同学们好,刚才××总在讲话中提到,技术岗员工转到管理岗,需要在意识上做好准备,尽快适应管理岗的角色要求。那么,管理岗,对大家有哪些新的要求呢?我们来看今天的第一个主题,那就是技术岗和管理岗的角色差别。"

偶尔,培训师也会接到这样的培训任务,就是客户那边,上午开一个年度××会议,下午邀请我们去讲课。下午开课时,也非常适合用这种方式开场。

比如上午是客户的年度战略会议,讲师中午之前赶到,去现场听一会儿。下午讲冲突解决时,就可以这样开场:"上午××营销副总讲过,为了实现年度销售目标,需要各个部门通力协作。那如果合作过程中,遇到目标不一致,发生冲突时,该怎么解决呢?今天下午,我们就会学习冲突解决的五个步骤。让我们先看第一步。"

以上,我讲了有力的提问、切合主题的故事、震撼人心的事实/数据、使用视频、连接前一个讲者等五种开场方式,再加上引用名人名言等手段,一般,可以搞定所有培训主题的开场了。

第六节
回味无穷的结尾

凤头讲完了,我们来看培训如何收场,也就是豹尾。

培训结尾,通常会被培训师忽略。因为上了好长时间的课,学员都很疲惫,着急回家。而且很多时候,还得让学员填写课程评估、拍集体照,培训师索性就草草结尾。

不要这样!

培训的结尾,很重要。心理学上有两个效应。第一个,是首因效应,我们对一个人的印象,往往在第一眼,或者第一次交往就确定了。所以我们得注重培训的开场。这就像经过媒人介绍,初次见面的青年男女一样,着装和举止,决定着后面人家愿不愿意和你继续交往。

第二个,就是近因效应,也就是最近一次和某人互动,留下的印象,会给对某人的整体印象,产生很大的影响。这就如同,你对一个人感觉一直一般般,但最近的一次聚会,你发现他言行举止、穿着打扮,有了很大改观。你对他的总体印象分,自然就提高了:欸,这个人还不错啊。

一堂课下来，如果你讲得很精彩，那意味深长的结尾，会锦上添花。如果整体课堂一般般，一个惊艳的结尾，也会改善学员对你的内心评价。

先讲两种传统的，还算过得去的结尾。这两种总比没有结尾，直接宣布下课要好。

1. 总结要点

总结要点，就是回顾一下整个课程的内容，这可以有两种方式：

第一种方式，是培训师自己总结。因为要结束，大家都累了，培训师运用讲授法回顾时，要言简意赅，直至核心，不要陷入细枝末节。这时候，就看出课程模型的重要性了，如果整个课程有一个大的模型，里面的主题，再有几个小模型的话，总结起来就非常容易。用模型穿针引线，脉络清楚，逻辑严谨。

第二种方式，如果班级人数在30人以内，可以让学员分组来总结。分组的方式根据课程的内容确定，比如课程内容分为六部分，可以每六人一组，每人负责一部分内容，花一分钟，参考学员手册，默读自己分到的那部分。然后，轮流在组内把自己那部分的核心内容，分享给全体组员。

2. 行动计划

在培训的末尾，让学员做行动计划，是一种不错的方式。

如果是知识类培训，可以要求学员（要培训组织方配合），在规定的期限内，把内容教授给手下的员工，或者部门的同事。

如果是技能类培训，可以让学员制订计划，在多久的时间内，掌握课上传授的技能。比如 TTT 课程，就可以让学员，在规定的期限内，根据课上学习的技巧，完成 1~2 次培训。

态度类培训，更要做行动计划。因为态度培训，课程本身就偏虚，如果没有行动，没有行为的发生，课程目标就难以达成。培训师可以邀请学员，对课程中有所触动的一个点，制订一个计划，在规定的时间内实践。比如，讲高效能人士的 7 个习惯，第 7 个习惯"不断更新"，里面谈到一个高效能的人，要在身体、心智、精神、社交/情感四个方面不断更新，就可以要求学员选择其中的一个领域，制订一个十分具体的计划。例如选择身体，每周做两次某项运动。

现在，分享三种特别赞的结尾方式。

1. 富有哲理的话语

先分享一段，我最经常用于培训结尾的话。我把这段话也教给了鹏程管理学院的弟子，现在他们讲课时也经常用，屡试不爽。

课程结束时，我会面对全体学员这样说：

同学们，培训的最后，想问大家一个问题：你们知道，世间最遥远的距离是什么吗？

（有学员会回应：心与心之间的距离。有学员会说：我坐在你对面，你却在看手机。有回应更好，没回应也没关系，培训师稍微停顿一下，给大家思考的时间。）

嗯，有人会觉得是心与心之间的距离，有人觉得是我坐在你对面，你却在看手机。而我一直认为，世间最遥远的距离，是知和行之间的距离（我会左手握拳举到与肩同高，再把右手握拳举到与肩同高，分别表示"知"和"行"）。有些人穷其一生也到达不了彼岸，有些人即知即行，同样的寿命，却能创造无限的精彩。

课程结束了，我相信至少会有一个概念，或者一个工具对你有所触动，我衷心地希望，离开教室之后，你能立刻行动起来，把它们应用到工作和生活中去。

知而不行，等于不知。让我们知行合一，用同样的寿命，去创造无限的精彩！

谢谢大家！

我强烈建议，这本书的读者，把这段话背下来，未来应用到你们的课程中去。无论是我，还是我的弟子们，这段话用了无数次，已经得到验证，是非常棒的一段话。

这就是富有哲理的话语，和我们前面讲到的金句类似，都属于心灵鸡汤，正确的废话。我们也可以用金句来结尾。富有哲理的话语和金句不同之处在于，话语更长一些。

2. 意味深长的故事

前面讲到开场时，我们也用到了故事这个手段。可以在培训开场，讲一个切合主题，不太长的故事。

同样，培训结尾，也可以用故事，可以是个稍长的故事，来收场，以起到余音绕梁的作用。

举个例子，在我的版权课职场幸福课里，我通常会在结尾讲这个故事：

最后我们来聊聊哲学家维特根斯坦，他在中国不是很有名，英国哲学家罗素大家知道吧？他是罗素的学生。

维特根斯坦出生在奥匈帝国时期的奥地利。他是钢铁大亨的儿子，家里富可敌国，希特勒是他的中学同学。

因为家里特别有钱，他有机会去剑桥大学读书，结识了罗素，罗素和他亦师亦友。毕业之后，他在剑桥教了几年哲学，忽然就辞职了，他说世界上没人能懂我的哲学，跑到一个乡村去做园丁，晚上就睡在大棚里面。

后来他又跑到很远的乡村去教书，教孩子们植物学、动物学、建筑学。他父亲去世后，给他留下了巨额财产，他一分也没要，都给了他妹妹，他认为钱不能带给他幸福，教这些孩子，才是自己想要的。

二战爆发，维特根斯坦跑到医院去做护工，他觉得救死扶伤，对他的生命才有意义。

晚年，维特格斯坦是在一个相对贫困的状态中度过的。在他去世之前，朋友们去看他。他拉着朋友们的手说："请告诉他们，我度过了幸福的一生。"

他觉得金钱、地位、名声，对他都没有意义。而教育孩子，救死扶伤才是他人生的追求。

我也希望，当我要离开这个世界的时候，你们如果去看我，我能够欣慰地拉着你们的手说："请告诉他们，我度过了幸福的一生。"

我更希望，当你们要离开这个世界的时候，你们可以欣慰地，拉着朋友的手说："请告诉他们，我度过了幸福的一生！"

我们也可以，像搜集金句一样，平时注意积累，搜集一些好故事，用在合适的课程里面。

3. 发人深省的游戏

在本书第一章，介绍了游戏这种演绎方式。其中就谈到，培训师可以在培训的结束部分，以游戏来收尾。尽管，以游戏结束课程的方式很少见。

分享一个，我之前经常做的结尾游戏。目前在国内，我还没有见过有培训师做过，除了我的弟子，因为是我教他们的。

我一般会这样说和做：

"各位，培训就要结束了，感谢你们的陪伴。看到你们有所收获的样子，我很开心。因为太开心，这样，培训的最后，我表演个特异功能给你们！"

第二章
右脑——精彩演绎，锦上添花

哇啊，学员半信半疑。

这时我会拿出一支很漂亮的蜡烛，超市里卖的那种，节日用的蜡烛。用打火机点着，把蜡烛放在讲桌上。学员们不知道我葫芦里面卖的什么药，都好奇地伸长了脖子。

我会说："各位，今天我要表演的特异功能，是隔空移物。也就是不用手，用意念，把这个蜡烛挪到最后那张桌子上去（我会指向学员的课桌）。"

哇啊，学员哈哈哈笑了起来，不相信的笑。有人已经开始起哄："不可能！"

我继续营造气氛，夸张地说："你们今天有眼福啊，我通常不表演这个，因为表演一次，会大费元气，我得休息六个月才能恢复。"

学员又笑，有人已经站了起来，并举起手机准备摄像。

我说："得声明一下，我刚开始练习特异功能，功力还不够。我想请你们帮个忙，一会儿听我的口令，大家一起调动意念的力量，就想一件事：把蜡烛从讲桌挪到后面那张桌子上去。"

有学员喊："看吧，骗人的吧，自己还做不了。"

我正色道："我是认真的，我们要相信意念的力量。来，为了让各位能够集中意念，不被外界环境打扰，各位请闭上眼睛，我还要把灯关上。"

学员"哗"就笑了，有人喊："不行，闭上眼，关了灯你肯定用手去拿了！"

我严肃而煞有介事地说:"我以自己的人格保证,我不会趁你们闭眼的时候去挪动。"

有人喊:"那别人挪怎么办?你肯定有托儿!"

我会说:"我也保证这个房间没有托儿。"

看看已经调动起足够的好奇,我会关掉教室里的灯,走到学员面前说:"来,所有人闭上眼睛,听我的指令。"

大部分人闭上了眼,个别人眯眼偷看,我通常也不计较。我会认真,并用缓慢、神秘的口吻说:"各位,现在请摒弃杂念,集中你的所有意念,只想一件事——把蜡烛,从讲桌移到后面那张桌子上去。"

教室一片安静,偶尔有人憋不住了,"噗"地笑出声来。

我缓慢地在大家面前走动,继续用舒缓的语气说:"好,继续集中你的意念,关注你的呼吸,只想这一件事情。"

大约半分钟后,觉得营造够了氛围,我发出指令说:"我倒数10个数,然后大家睁开眼,一起来见证意念创造的奇迹。10,9,8,7,6,5,4,3,2,1,睁眼!"

蜡烛当然还在那里,发出微弱的光亮,纹丝没动!

有人"嗨"了一声说:"胡扯嘛这不是?早就知道不可能。"

我含笑说:"是的,的确不可能。各位,我不会什么特异功能。别说咱们这些人,叫再多的人过来,用意念的话,咱也挪不动这支蜡烛!能够挪动这支蜡烛的唯一办法是什么?"

我边提问边打开灯,有机灵的学员已经明白我的意思,抢

第二章
右脑——精彩演绎，锦上添花

着说："行动！"

"是的。"我边说话，边把蜡烛从讲桌上拿起来，走过去，放在了后面那张学员课桌上。

我会这样总结："没错，各位，想挪动这支蜡烛，想是没用的，唯一的办法就是采取行动。我们从小都有这样那样的梦想，现在也希望工作和生活能有所改变，可是没有行动的话，所有的一切都是镜花水月，都是海市蜃楼。"

我停顿一下，然后继续说："中国有句古话，叫坐而思，不如——（我有意停顿下来）。"

有学员补充："起而行！"

我点头表示感谢，然后接着说："对的，坐而思，不如起而行。一天的课程下来，如果你有所收获，有所触动，就让我们行动起来吧！"

"谢谢！"

这个意念挪蜡烛的游戏，和上面讲的"世间最遥远的距离"那段富有哲理的话语，异曲同工，都是强调行动的重要性的。

我前些年讲课，电脑包里，总是带着一支蜡烛。课程讲到哪里，只要教室环境允许，我就把这个游戏做到哪里。每每都会触动到学员，在课程评估里，他们对这个游戏赞誉有加。

是的，也许前面的课程，学员不觉得怎么样，但是结尾亮了。

触类旁通,你也不妨思考一下,有没有别的游戏,简单的,不需要太多道具的游戏,适合用来做培训的结尾。

一个培训师行走江湖,得有几个拿手的游戏傍身啊。

游戏在手,吃喝全有!

培训中要注意的几件事情

前面两个章节中分别谈了左脑，课程的严谨设计；右脑，课程的灵动演绎。

这一章的写作逻辑，虽没有那么严谨。但我会根据近二十年的授课经验，分享一些培训中需要注意的问题，不过不会写培训师的舞台技巧，比如站姿、目光接触、手势，等等。

一个原因是，舞台演绎不太容易在书籍中讲明白，即使配了图片，读者也不会有太深刻的认识，那些是需要在现场，直接展示给学员看的。

另一个原因是，我始终认为，舞台技巧没那么重要。如果左脑的课程设计到位、有模型，右脑的演绎手段很丰富，学员又怎么会在意培训师是不是手插进了口袋，双脚有没有站成外八字等细枝末节呢？

第一节
PPT 设计的两大原则

我不是一个 PPT 高手。因为比较擅长语言表达，就没花精力研究 PPT 的设计，导致每次讲课，我的弟子们都吐槽：

第三章
培训中要注意的几件事情

"师父你这 PPT，颜值太低了啊。"

低就低吧，我也不想成为 PPT 高手。每次就把课件简单做一下，交给弟子们帮我优化，谁让你们说我做得不好呢，哈哈哈。

在杰瑞·魏斯曼写的《魏斯曼演讲圣经1：说的艺术》里，他提到了 PPT 设计的四宗罪。在这里简要介绍一下，培训师或者喜欢演讲的读者，一定要读魏斯曼演讲圣经三部曲，包括《魏斯曼演讲圣经1：说的艺术》《魏斯曼演讲圣经2：答的艺术》《魏斯曼演讲圣经3：臻于完美的演讲》，一共三本。

PPT 设计的四宗罪：

- 把 PPT 当提词器
- 单张 PPT 上图表太多
- 图表上的信息太多
- 信息和数据没有经过处理

在很多培训师，尤其是大学讲师的 PPT 上，我们会看到大段大段的文字，满屏都是文字。

这样听众就不会听你的讲解了，会一直盯着屏幕阅读。为什么培训师会放这么多文字在屏幕上呢？就是把它当作提词器了，犯了演示—记录综合征。提词器，就是电视主持人在录像时，面前放的机器，上面会滚动播放台词，主持人一边看着摄像机，一边眼睛瞟着提词器，以免忘词。歌星演唱会上，也常用这种手段，否则那么多歌曲，他们也可能记不住歌词。

不要这样。PPT 是个缩写，全称是 Power Point，就是那些有力量的要点。苹果系统用的演示系统是 Keynote，意思也是核心观点。如果满屏都是文字，究竟哪些是核心要点呢？

PPT 是用来演示的，不是用来做记录的。

基于此，PPT 设计要遵循两大原则。

一、一目了然

PPT 上文字和图表不能太多，信息要提炼加工，让观众一眼望过去，就知道你要表达什么，而不是观察半天，才能得出结论。

文字尽量简短：能用词，就不用短语；能用短语，就不用句子。

这比较考验培训师的提炼能力。

二、视觉化

视觉化是右脑的部分，在 PPT 设计时，字不如表，表不如图。所以我们要把大段的文字转化成表格，或者用模型、图片的形式来演绎，才能更好对听众的右脑产生冲击。

比如下面这两张 PPT，我们来做个对比：

第三章
培训中要注意的几件事情

这里要强调的是"你若盛开,蝴蝶自来;你若绚烂,蝴蝶爱来不来"这句话,显然第二张更醒目。

在 2020 年罗振宇跨年演讲上,他整个演讲 PPT 基本都是用的这个思路,一个金句,配一张人物头像,十分突出。

好了,关于 PPT,就讲两个原则,一目了然和视觉化。

PPT 只是培训师授课的辅助，起到提纲挈领的作用，别把所有内容都放在上面。

PPT 设计应该只放重点，少即是多。

除了以上这两个原则，在 PPT 设计过程中，我们还要注意：

1. 颜色使用恰当

一页 PPT，不要使用超过三种颜色，否则就显得太花哨。尽量不要使用黄色，投影会很模糊。我们设计完 PPT，在授课之前，要找机会连接一下投影仪，看看字体、颜色是否能清晰呈现。

红色是警示色，要少用，只有表示强调的地方，才用红色。

2. 避免太专业的缩写

如果确定学员能理解你用的缩写，你可以在 PPT 上使用。否则，尽量避免太生僻和专业的缩写。你以为大家都知道 PDCA 循环模型、GROW 模型、STAR 模型？事实不是这样的，其实很少有人懂，只有你那个领域的人知道。

3. 不要换行

不要用很长的句子。一行没有表达完，学员还要往下看，看第二行，才能得到完整的意思。如果实在得用大段的文字才能完整表达，也要在大段文字之前，用一个短语，提炼出后面文字的中心思想。

4. 字号大于 24 磅

PPT 上的文字，要足够大，不能低于 24 磅，否则后面的学员，就看不清楚了。

我们是来讲课的，不是做视力检查。别让学员如同配眼镜看视力表一样费劲，需要眯起眼睛才能看清。

5. 不用倾斜或太过艺术化字体

倾斜的字体，看起来不舒服，也不够专业。太艺术化字体，用得也不要太多，偶尔使用可以，比如你要说"教育不是灌输，而是点燃"这句话，可以把"点燃"二字做成火焰状来突出即可。

6. 不要用太多动画

我们会看到有的培训师，尤其是女性培训师，特别喜欢用动画的方式。一会儿文字从屏幕左上方飞出来，一会儿图片从右下角飞出来，一会儿模型在屏幕上旋转起来。

动画只适合用于特定的地方，强调啊，幽默啊，等等。我们是来培训的，不是来炫技的，通篇都用动画，会喧宾夺主，过犹不及。

7. 前后风格一致

无论是 PPT 的模板、背景，还是字体的颜色、大小，前后要保持一致。

培训师在设计一门课程的时候，难免会借鉴其他人的课件，有时候一门课，会用到好几个不同来源的东西，做很多复制和粘贴的动作。那就要注意，不管用了几个人的东西，融合成一个课件时，都应用统一的模板和背景。不能太懒，拿来主义，这段是这样的，下一段又是那样的，至少得做一定的编辑的工作啊。

字体大小也是一样。所有的PPT标题字体大小得一样，正文也是如此。别变来变去，要保证全篇的一致性和系统性。

8. 避免口号，"公司机密"等字样

在PPT设计中为提升主题，传递企业价值，可以设计适当的企业宣传词，但要避免使用口号，"公司机密"等字样。

最后，我们再总结一下在培训课程中，使用PPT时特别需要注意的两个要点。

第一，事先打开所有需要用到的文件，需要更换文件时，黑屏或遮住投影仪镜头。

授课时，除了PPT，也可能还要展示一些Word或者Excel等其他文件给学员看。因此一定要在课前，或者课间休息时把相关文件打开，放在电脑屏幕下方。用到时，退出PPT，直接打开。而不能退出PPT，点开文件夹，再一层层往下去寻找。这样学员就会看到培训师电脑里一些不相关的东西，分散注意力。培训师电脑里，私密的内容，也有可能被学员看到。

同时，还要注意，如果用暴风影音软件在课堂上播放视频，要清楚它还有自动播放之前记录的功能。也就是在放完课程用的视频，如不立刻关掉该软件的话，它会自动放映你之前播过的电影、视频。如果碰巧你私下里看了不该看的东西也会造成尴尬局面。

怎么避免这种事情呢？最好的办法，是把要用到的视频直接插入到 PPT 里。注意，不是用超链接，因用超链接还要点击 PPT 上的链接才能播放，而是直接用 PPT 插入视频的方式。这样屏幕上，会出现一个视频播放界面。讲课时，就像普通翻页一样，你按一下翻页笔，视频就自动播放了。这显得很高级，而且培训师也不用走到电脑前，先退出 PPT，再打开视频了。

第二，关掉屏保。

有的培训师，喜欢用屏保。课堂上，如果用小组讨论，或者做游戏等手段演绎时，一段时间没碰电脑，屏保就自然启动。飞出几张孩子的照片、风景的照片，等等。这都会分散学员的注意力，所以建议上课前关掉屏保。

作为培训师，我猜你一定会遇到这样的情况。课程结束时，你整理好笔记本电源线，装好翻页笔，拧紧泡着枸杞的保温杯，收拾东西要离开，有学员会走上前来，拿着 U 盘，有些犹豫地问可不可以拷贝你的课件。

你一般会不会给？我见到的大部分培训师，都不给。

我会给。原因有两个。

第一，分享是美德。

我讲的东西，也吸收和借鉴了前人的智慧。我们只是站在历史的一个节点上，承上启下，有义务把好的内容分享和传承下去。

第二，给学员，他们也讲不了。

你放心，课件拷贝走之后，学员不是专业培训师，没几个人拿回去会再看的。想想你自己就知道了，你的U盘、移动硬盘、云盘上拷贝了多少东西，你再看的概率有多大。

何况，PPT上也没多少内容，他们拿去借鉴了，也讲不到你的水准，讲不出你的味道。你是这个主题的专家，功夫在PPT之外，哪那么容易被复制和超越。

一些培训大师，是根本不用PPT的，拿几支白板笔，随随便便在大白纸上画几张图，就可以讲一天。

他们是怎么做到的呢？这就要回到本书第一章的内容了，因为他们的脑海里有模型。

心中有模型，就像在大脑里存储了一幅地图一般，不会迷路，让课程内容，如水般自然流淌。

我希望，正在读这本书的你，能够慢慢摆脱对PPT的依赖。心中有剑，手中无剑。脑海里装着模型，站在那里就可以开讲。

像那些培训大师一样，看似无招，实则有招，信手拈来，潇洒自如。

第二节
培训的四个原则

作为培训师,在授课时,有四个原则需要遵守。

一、目标集中

目标集中,就是始终把时间运用到课程主题的讲授上。应该避免以下情况:

1. 跑题

讲授的内容,都要和课程内容有关,避免跑题。故事、幽默、金句,等等,都要和课程内容相关。

2. 列出太多肤浅的要点

学员都知道的,不讲。要讲,就讲他们不知道的、有层次和内涵的。

3. 提供不清楚的信息

要讲,就讲清楚。引经据典时,搞清楚确切来源,别让学员一头雾水。自己都一知半解,是很难有说服力的。

4. 不能有效管理不相关的提问

有一次在厦门讲课，讲团队管理。课程中忽然有个学员提问我："老师，你觉得什么是管理？"

这个问题很大，看似和团队管理这个主题相关，实则不是。我尝试用管理学上对管理的定义回答了一下：管理就是计划、组织、领导、控制等一系列行为的总称，以实现共同目标。那个学员显然对这个定义不满意，开始和我大谈王阳明哲学，知行合一，立德、立言、立行，等等。我就意识到，他本意，是要表达自己的观点，根本不是想从我这里得到什么答案。

我礼貌而委婉地打断他说："谢谢你的分享，你对管理的思考很深入。咱俩课间再深入交流好不好？"之后，我就开始讲授自己的内容了。如果继续探讨下去，是没有意义的，也无法集中在课程主题上，同时是对其他学员的不尊重，耽误大家的上课时间。

同时，每个培训都只能解决有限的问题。有时候学员的提问，无法用你正在讲授的内容来回答。比如有一次讲高效能人士的 7 个习惯，到第 6 个习惯"统合综效"时，提到寻找"第三方案"，有个学员问我："老师，如何处理冲突？7 个习惯的课程，在这部分，更多是传递了一个概念，具体操作步骤并不多。"我就回答说："关于冲突管理，有兴趣可以去读《关键对话》这本书，或者上对应的课，里面有更多具体的操作步骤。现在让我们来继续我们的课程。"

二、尊敬学员

客户是上帝,学员就是培训师的上帝。我们要时刻保持对学员的尊重,避免以下这些行为:

1. 轻视学员

培训师这个职业,貌似传道授业解惑,非常高尚。其实吧,就是一份职业,和任何其他职业一样,没什么了不起的。我们会讲课,而学员呢,人家会操作机床,会装手机配件,会销售,我们会吗?不会,术业有专攻。

所以,任何时候都得对学员表示尊重,不能端着、装着,高高在上。

我们只是某个主题的专家,出了这个门,就没人认识你。有一次,在深圳给弟子们上课,我就灌输这个概念给他们:

别把自己当回事儿,其实我们都没那么了不起,没有那么重要。在今天的课堂上,我是老师,是师父,好像是焦点。刚刚休息我去洗手间,有两个工人在修下水道,拿着个水管,冲了我一鞋水,根本也没和我道什么歉。出了这个门,出了这个小圈子,根本没人知道我。

所以我们要谦虚,去除分别心,人人平等。

2. 使学员尴尬

不要轻易直接问某一个学员问题,而是把问题提问给全体学员。否则万一那个学员没有答案，就难免尴尬。

和学员开玩笑时，也确保他和你比较熟悉，或者开得起玩笑。我上课时，喜欢拿学员开玩笑，但我选择开玩笑的对象，一定是看起来比较活跃的，不会太把玩笑当回事的。而且开完玩笑，我还会说一句："开玩笑哈，希望你不介意。"

3. 做傲慢或者讽刺人的讲解

分享这么多年培训以来，最让我无地自容的两件事，都和这个方面有关。

一次做内训，公司招了二十几个新员工。一如既往，把电脑什么的准备好后，我走下讲台，和先到的几个学员聊天，沟通感情。

我问一个男同事："你老家是哪里的啊？"他说陕西的。

我附和道："陕西，不错。我特别喜欢陕西人，当年上大学，宿舍里和我关系最好的一个兄弟，就是西安的，我俩关系最好了。我啊，特别讨厌重庆人。宿舍里有个同学，就是重庆的，干什么都斤斤计较，打电话朝我借了五毛钱，然后还非得还我。"

然后我走到下一个女学员跟前，问："你老家哪里的？"

是的，你没猜错，那个女学员说："我家是重庆的。"

哈哈哈，你能想象得出我有多尴尬不？一时间面红耳赤，全身发热，再能随机应变，也无法挽回。我只能抱歉说："对不起，对不起哈。"

还有一次，在课堂上讲案例，我拿东北人说事儿。我说："东北人哈，很多都不够踏实，大事做不了，小事不愿意干。"我本身是东北人哈，我觉得我说东北人没事儿，属于自嘲嘛。

结果，课间一个男学员从后面走到前面，和我抗议："老师，你不能那样说东北人，你这是对东北人的偏见！"从口音和他的体型判断，他是典型东北人。

说什么都没有用，我能做的，只有道歉。而且还很感激他，没有在课上当我讲那段话的时候，当场怼我，给我留了颜面。

傲慢或者讽刺人的讲解，都是给别人"贴标签"。说河南人怎么样怎么样，上海人怎么样怎么样，东北人怎么样怎么样，都是培训师的刻板印象，会让学员觉得你以偏概全，浅薄固执。

同理，也不能笼统地说，男人怎么样怎么样，女人怎么样怎么样。一定会有学员反感的。

培训师可以讲故事，讲案例，但不需要以贬低别人，讽刺别人的方式来呈现。

你可以发你的光，但没必要吹灭别人的蜡烛。

4. 陷入长时间的争论

每个人都有固有的思维模式和看待事情的角度，培训师不能在课堂上和某一个学员，就某一个问题陷入长时间的争论。

有一次给一家外企讲课，我讲了一个观点，有个男学员并不赞同，他很有勇气，站起来发表观点，和我讨论。还没等我回答，请我去讲课的培训经理，一个35岁左右的女士，从后面站起来，咄咄逼人地开始和这个学员辩论。

两个人你来我往，争论了大约15分钟，谁也说服不了谁。中间几次，我试图打断都未果。

后来实在没办法，我只好说：休息15分钟，咱们三个单独讨论。

培训师要记得，即使你掌握的是真理，也很难在短时间内说服一个学员。无休止地争论下去，对该学员不尊重，对其他学员也是不尊重的，因为占用了他们上课或者休息的时间。

那遇到不同意见该怎么处理呢？

第一种方法，像我提到的那样，口头说："这是个很深刻的，一时半会儿讨论不出结果的问题，我们课间再研究。"

第二种方法，可以把问题记录在旁边的大白纸上，然后说："我把这个问题记录下来，回去思考一下，然后给您我的意见。"通常，就可以化解掉冲突了。当然，你答应回去思考并回复，就一定要在课程结束时留下那个学员的联系方式，并记得回复。培训师要言出必行，即使你后面的回复，学员并不满意，但是回复这个动作，也会赢得学员的心。回复什么不重要，回不回复很重要。

那如果遇到，学员提出的问题，你一下子没有答案怎么办？这个时候，一定不要匆忙作答。有效的方式是，把这个问题，转化给全体学员。

首先用自己的话,来澄清一下他的问题:"您要问的是……吗?"确保我们理解清楚了问题。得到提问者确认后,再对着全体学员说:"嗯,这个问题,提得很有意思,大家怎么看?"

通常,会有学员有想法的。如果扫视一圈,停顿一会儿,没人有答案,可以说:"嗯,看来这个问题,有深度。这样,我给每个小组一分钟,你们来讨论一下。之后,我会邀请每个小组派一个代表,来说一下你们小组的意见。"

这个时间,就是培训师搜索枯肠的时间。等小组分享完了,综合一下小组代表的意见,再融合自己的观点,简练总结一下就好。

集体的智慧,提问者通常会接受,也不会反驳。

三、减少干扰

这个主要指的是教室环境的布置,培训师的着装和肢体动作。我们应该避免以下事项。

1. 展示不必要的对象

培训师讲台的周边不要放和培训无关的,可能会吸引学员注意力的东西。

以前每次培训我都会带一个小音箱,避免培训场地没有音箱,无法播放音乐和授课视频。那段时间,我特别喜欢用两个芭比娃娃的音箱,就是两个芭比娃娃造型,里边藏着袖珍音箱。

我发现，每次讲课都会有学员，尤其是女学员，不是盯着我听课，却总盯着看那两个音箱。这显然是分散了学员的注意力，后来我就换掉了，换了两个很普通很普通的不太引人注意的音箱。

2. 身体的干扰

比如过多的、不必要的手势，无论讲什么，有一只手，一直摆来摆去，做同一个动作；再比如在讲台上晃来晃去，走马灯一样地左右走来走去；还有时不时撩一下头发，尽管头型没有乱；或者经常推一推眼镜，尽管眼镜没有滑下来。

以上这些，可以通过录制自己讲课视频来观摩。录那么一次，你就知道自己在舞台上，有哪些多余动作了，以后可以有意识地改善。

另外这部分，还是要提一下培训师的着装。

男培训师，特别简单，穿西装或者衬衣就行了。女培训师要注意，正式的培训，我们通常建议穿职业套装。

太靓丽的颜色不太好。甚至在有些课堂上，会看到女老师穿很短的裙子，性感的丝袜，这就不合时宜了。太深V的衣服，散着长发，比较大的耳环，太长的项链等，这些都会分散学员的注意力。除非，你觉得自己的课程不吸引人，要靠这些来聚焦听众的目光。太浅色的衣服，女培训师更要慎重穿着。

四、与学员保持沟通

培训,不是独角戏。培训师要尽可能保持和学员的沟通和互动。应该避免以下情况:

1. 好像和自己或对着白板说话

自言自语的老师,我们见得多了吧?如果 PPT 上文字太多,培训师就会经常扭着头看屏幕,忽视了与学员眼神交流的机会。

有一次我讲 TTT,第二天学员演练的时候,一个学员上台讲课,目光如探照灯一般,从左面扫到右边,再从右边扫回左边。

他讲完,我问:"你干吗要像探照灯一样,来回扫描呢?"

他的回答让我哭笑不得:"不是您说的,要保持和每个学员做目光接触吗?"

如何才能和学员做好目光接触呢?推荐一个公式给大家:1:1:1。也就是,一次,只看一个人,说一句话。

解释一下这个原则。课上,你首先盯着一个学员的眼睛说,就是每次只对着一个学员讲话。然后随机地转向下一个学员,不一定要盯挨着他的下一个学员,接着只讲一句话后,再转向下一个学员……这就是 1:1:1,如果你能运用得当,目光接触的问题,迎刃而解!

2. 滥用高深的词汇

我一直认为，一个培训高手，要有能力把自己专业领域那些高深的知识，用通俗易懂的方式表达和呈现出来。否则就曲高和寡了，培训师不要觉得，大众太肤浅，什么都不懂。

3. 采取防御的行为

也就是容不得学员挑战你，发表和你的内容相抵触的想法。

世界是多元的，培训师不能认为自己讲的东西都对，就是权威，就是真理，容不得学员挑战。

一个什么样的态度，是好的态度呢？就是抱着一种这样的想法："我对这个主题，稍有研究，今天我是来表达的，而不是要征服你们，要给你们留下深刻印象的。"

上善若水，水善利万物而不争。夫唯不争，故天下莫能与之争。开放，包容，恰恰会赢得学员的认同。

我一直主张快乐学习，让学员在舒适、安全、放松的环境中，潜移默化，自然而然地接受新知。

如果你能坚守目标集中，尊敬学员，减少干扰，与学员保持沟通这四大原则，你的培训课堂一定会轻松、愉悦，春风化雨，润物无声。

第三节
克服紧张

紧张是很正常的。英国《泰晤士报》曾经做过一个调查：人们最怕什么。结果当众讲话排在第一位，排在第二位的才是恐高。

马克·吐温曾经说过，世上只有两种演讲者，一种是紧张的，一种是假装不紧张的。

培训师，尤其是比较初级的培训师，上台紧张十分正常。看看下面的清单，你紧张时，会有什么表现？

- 嗓子发紧
- 小声
- 脸红
- 发冷
- 口干
- 出汗
- 肚子发抖
- 抽搐
- 心跳加速
- 膝盖发抖
- 呼吸急促
- 脸发热
- 恶心

很年轻的时候，每每讲课之前，当学员们都到位了，我却必须要去一趟洗手间。是的，我一紧张，就想去洗手间。其实不是生理需要，而是精神需要。去趟洗手间，回来就会好很多。

接下来,和大家分享四种缓解紧张的方式。它们的效果,是由低到高的,越往后面,效果越好。

一、精神安慰

可以这样对自己进行精神安慰:他们都爱我,我很高兴在这里,我很高兴你们在这里,我很高兴我们在这里。

有一次我听一个老师的课,他甚至教学员,可以把下面的听众当成萝卜,什么都不懂,也不会提问题难为你,哈哈哈。

这种方式,相当于阿 Q 的精神胜利法,我是觉得没什么用。

二、身体放松

紧握双手,抓紧放松,慢走,在台前走走,深呼吸,包括去趟洗手间,整理整理衣服、发型,对着镜子做几次吐纳呼吸,这些都是身体层面的放松。

身体放松,要比第一种的精神安慰法,更有效一些。

三、心理放松

相比于精神和身体,心理的放松是很高效的。心理层面,可以通过以下方法来调试。

1. 交朋友

无论是在企业内部讲课,还是以自由讲师的身份,到客户那里讲课，抱着一个交朋友的态度，是很理想的。

我前面已经讲过，培训师不过是某一个主题的专家，我们只是在这个主题上，稍微比学员了解得多一点儿。我就是来分享的，是来表达的，而不是来征服学员，给学员留下深刻印象，让学员觉得我有多牛的。这样，你的心理压力就会小很多。

事实上，征服全部的学员，也是不可能的。不管你讲课多厉害，也只能给大部分学员留下好的印象，不可能谁都喜欢你。

我讲课，是个蛮受欢迎的培训师了，每次课后的学员评估，平均分数都挺高。但几乎每次，都有一两个学员，给出较低的分数，瞬间拉低平均分。我右脑比左脑发达，讲故事、说金句、抖幽默，随口就来，大部分学员喜欢，但有个别学员就觉得我浮夸、华而不实。之前我会耿耿于怀，自尊心受到严重伤害。后来想明白了，我无法做到让所有人喜欢。我就悦纳了自己，随他去吧。

培训师要保持好奇心，去到不同的城市，拜访不同的客户，见到不同群体的学员，偶尔和学员交个朋友，是件多么好玩的事情啊。

机缘巧合，有家机构邀请我去云南第一女子监狱和重庆的女子监狱讲课，让我有机会对监狱女狱警这个群体，有了深入的了解，感觉很有意思。加了几个狱警的微信，和她们成了朋友，现在偶尔还会在微信里交流。

如果我们抱着交朋友、到客户那里学习、扩展认知的心态去授课，就会平静和放松很多。

2. 放自己人

如果作为内训师，在企业内部讲课，学员中就会有你的自己人，你的朋友，提问时有人会主动回答，互动时有人会主动配合，你就会放松很多。

那到外部讲课，怎么放自己人呢？

我的经验是，至少提前半小时到培训场地，最好提前一小时。连接和测试好电脑，放上音乐，静静等待学员的到来。

一般来说，先到教室的学员，是相对积极主动的。他们签到落座之后，我就会走过去，和他们简单聊几句家常：问问在哪个部门啊，在这工作多久了啊。这几个聊过的学员，就成了我的"自己人"。他们往往在后续的互动中，会给予我更积极的配合。

培训师，一定不要掐着点儿进教室。学员已经全部就位，你才到达，在众目睽睽之下，手忙脚乱地测试设备，时间的紧迫，自然会加剧你的紧张。而且，设备不给力的情况也经常会出现。投影仪没反应，话筒不好使，音频线连了音响还是没声音，白板笔写不出字，状况百出，左支右绌。

永远，永远，永远，在包里准备一根电脑和投影仪的转接线。你无法预测现场投影仪的那根线，是传统的针式转接口，还是扁口的 HDMI 式。一线在手，天下我走。

永远，永远，永远，在包里放一个 U 盘。头一天，将上课会用到的 PPT 及其他资料拷贝到这个 U 盘里。万一上课时自己的电脑出问题，可以迅速把资料拷到其他电脑里继续讲课。注意，是 U 盘！而不是放到什么云盘上。不是哪个地方的培训教室都可以上网，即使能上网，云盘下载也需要较长时间。

翻页笔、U 盘、投影转接线，是培训师必备三件套，要随时放在电脑包里。

提前到达，收拾停当，静等学员，随意聊聊天，转化几个自己人，就会从容不迫。

3. 把焦点放在学员身上

焦点在哪里，能量就流向哪里。

如果你一直关注自己，就会更紧张。而把焦点放在学员身上，就会忽略掉自己的紧张情绪。他们都是什么年龄的人啊，他们上这个课是带着哪些疑问来的呢，下课后想要带走什么呢，等等，带着好奇心，更多地关注他们，你就自然会放松。

四、充分准备、视觉想象和练习

前面说的三种，我希望你忘掉。第四种，才是克服紧张最有效的方式，那就是充分准备，视觉想象和练习。

1. 充分准备

你一定有这样的体验：如果是临时接到一个讲课任务，主题你没有讲过,也没有给你充分时间准备的话,你就会紧张和心虚。站在台上,你会忐忑不安,觉得自己没资格站在这里,连自己都说服不了自己。

所以,要做充分的准备,凡事预则立不预则废。准备充分,才能成竹在胸。

这里提醒一点,培训师要知道自己的能力边界。上台紧张,一方面可能是准备不足,另一方面还有更大的可能性,就是你觉得搞不定这个学员群体。

比如上个月,我的一个杭州女弟子,向我求助,说后天要给一群林业局的临时工讲课。这些临时工都来自农村,40多岁,没有林业局正式编制,上一天班,领一天工资。工作没什么积极性,也不听领导的话,局里就想找个老师给他们培训,提升他们的主动性和纪律性。

我这个女弟子,二十刚出头,很焦虑,问我怎么设计课程。我说这个群体,说实在话,培训的作用不大,薪酬和激励制度,更有效。以我这个弟子的年龄和授课经验,是搞不定这群人的。她不该接这个课,这超出了她的能力边界,站在台上时,紧张是自然的。

坦白说这个课我都接不了,我也搞不定这个群体。我很清楚自己的能力边界,所以现在我讲课,主要的目标群体,是企业的中层经理和主管,这个我掌控得住。特别大、特别正规公司的高层的课,我轻易不接。我在企业时,没做过特别高的职位,给太高级别的学员讲课,心虚。培训师不能为了赚钱,为了讲课而讲课。不然，会效果很差，砸了自己的招牌。

2. 视觉想象

就是在脑海里，过电影一般，想象学员已经坐好，你气定神闲，从容不迫地走上台，站定，环顾四周，讲出设定好的开场台词。

开场台词包括问候学员，自我介绍，还有接下来课程的引导语、要做的活动，等等。这个方式，非常有效。不仅仅适用于准备课程，也适用于准备大型的演讲、主持活动。

每每面临一个重要课程，或者要在大型舞台上演讲时，头一两天，我都会做视觉想象，把开场酝酿好。你一定有这样的体验，就是临上台，和上台最初的那几分钟，你会紧张。上去之后，就没问题了。所以，对开场的视觉想象，就很重要。

3. 练习

没有比练习更有效的消除紧张的方式了。实际地、真刀实枪地，找几个朋友，或者同事，在小范围内演练。真正地，一环接一环地讲，最有效。

我的版权课职场幸福课，这两年授证了100多位讲师，我都会叮嘱他们，最快掌握这门课讲授技巧的方式，就是回去练习。把课程拆解为几个小的模块，一个模块一个模块地去备课，去讲授。两个循环下来，也就是把每个模块讲两遍，这个课程，你基本上就可以内化了。

有几个授证讲师很听话,拿到授证之后,就找机会给朋友,或者免费去到企业里,半天半天地讲,一个模块一个模块攻克。他们现在,已经可以拿这个课赚钱了。

练习,除了可以练习某一个具体课程之外,还有另外两种方式。

第一,到各种俱乐部练习。

现在,几乎各个城市都有培训师俱乐部,或者演讲俱乐部,比如 AACTP 培训师俱乐部、Toastmaster 头马演讲俱乐部、拆书帮,等等。他们几乎每周都有活动,我的很多弟子,都因参加这类俱乐部,授课能力得到飞速提升。俱乐部的好处不仅是给会员提供安全的环境进行练习,而且还有系统性的训练,一步步提升会员的表达能力。像头马俱乐部,你演讲一段,下面会有人特别认真地记录,刚刚这 10 分钟,你说了多少个"啊""嗯""然后"这类赘词,也就是口头禅,都给你无情地指出来,为你以后的改进做参考意见。

这几年,"我是好讲师"大赛胜出的那些选手,几乎都有混迹俱乐部的经历。比如我的弟子,2017 年冠军张家瑞、2019 年冠军吴强,甚至深圳的 AACTP 培训师俱乐部,就是张家瑞创立的,他是创会主席。没人能随随便便成功,他们绝不是一夜成名的。他们早就有了积淀,在俱乐部里摸爬滚打,磨炼出培训师必备的那些技能。

我有一个上海弟子,是做道路桥梁设计的。两年前,她找我做过两次咨询,两次状态都很差,焦虑、紧张、不自信。她

第三章
培训中要注意的几件事情

说自己能力很强,但没有勇气和能力站上台表达。

后来,她参加了上海一个演讲俱乐部,那个组织挺"变态",要求 21 天里,每天提交演讲视频。这个弟子改变的决心很大,坚持录视频,坚持参加俱乐部的活动。

2019 年有一次我到上海讲课时,她又来见我。嚯!整个人的气质都变了,说话更有条理,更自信。穿着打扮也有了改善,服装更高级,颜色更靓丽。

她和我分享说:"师父,前一段时间,我代表公司,上台给上海市领导做介绍。讲完之后,上海市市长和我们公司大领导反馈,说我讲得真不错。后来大领导也赞叹说:'真没想到,公司还有你这样的人才。'"

她的进步,肉眼可见,真是功不唐捐啊!

第二,逼自己每年讲新课。

现在的我,是自由培训师,可以讲十几门课吧。像通用的团队沟通、演讲表达、TTT、时间管理,我都能讲,虽然现在讲得不多。

这些课,都是当年在企业里的时候,我自己逼自己开发的。除了完成每年的培训管理方面的任务,我给自己定了个目标:每年至少讲两门新课。有的课,是我出去听,然后回来转化的。也有的课,像时间管理、TTT 这类简单的主题,我是从网上搜的资料和课件,自己整理的。每年讲两门,每年讲两门,几年下来,通用类的课程,我几乎都能讲了。

实践出真知,我自己没参加过任何 TTT 类的课程。在第一家公司就职时,做培训主管,刚刚入门,不会讲课,幸运的是我遇到了集团总部的一个外国人。他每年会到全球分公司,讲一两场公司统一的课。第一次是他到中国,用英文给公司的高级经理讲,我来翻译。之后他离开,我把所有资料翻译成中文,从第二次开始,我就可以给公司中层经理以下的员工讲。我的授课经验,就是这样一步一步累积的,没经过理论学习和教育,直接从实战开始。

前面分享过不同授课方式对学员掌握程度的影响,其中"讲给他人",是学员吸收所学内容的最好手段。我建议你,有机会就要讲,没有机会,创造机会也要讲。讲得多了,你就越来越不紧张,越来越从容自信了。

我们的目标,是成为一个很厉害的培训师。厉害是个终点。不积跬步无以至千里,不积小流无以成江海。厉害是靠时间和投入,一点点累积起来的。

抓住机会,大胆练习吧。别怕目标太遥远。胡适说了:怕什么真理无穷,进一寸有一寸的欢喜。

十分钟培训大赛胜出秘籍

前面三章从培训总体上讲了左右脑结合以及培训需要注意的几件事情。这一章,要专门讲讲十分钟培训比赛了。目前培训师这个市场,有很多种这类大赛,其中最有名的,当属中国培训杂志主办的"我是好讲师"大赛。

我这本书在 2020 出版,这一年,已经是第八届"我是好讲师"大赛了。关于这个比赛,请关注"我是好讲师"公众号,里面有非常详细的介绍。关于这个比赛,我只总结一下核心流程:

首先,全国各城市赛区、行业赛区分别组织比赛。之后,选送优秀选手,参加全国总决赛。这些选手,除了可以接受本地导师的辅导,还可以在大赛的平台上,选择自己心仪的其他导师,在决赛之前接受两周的集中辅导。

近几年的总决赛时间都是 11 月份,进入总决赛的选手人数逐年增加,2019 年大约是 400 人。这 400 人,在总决赛的第一天比赛日,抽签分到十几个赛场,每个赛场大约 30 人。各赛场同时进行比赛,每个选手十分钟。每个赛场的第一名,进入第二天的冠军争夺赛。另外,每个赛场还会产生"最佳演绎奖""最佳设计奖""最佳课件奖""最佳风采奖"等单项奖。

第二天冠军争夺赛,十几个赛场的第一名,将头一天晚上

第四章
十分钟培训大赛胜出秘籍

抽签决定的主题，不用PPT在台上讲五分钟。比赛现场打分，决出全国总冠军。

近两年，"我是好讲师"组委会，在"我是好讲师"大赛基础上，又增加了"我有好课程""我做好项目"大赛，丰富了比赛的内容。本章内容，只聚焦在"我是好讲师"这个内容上。

我从2017年，承办了大赛的天津赛区，并带领选手参加比赛。2018年，获得了这个比赛的"最具人气导师"奖。2019年，担任全国总决赛的导师团团长，并获得了"金科导师"奖。深度参与这个大赛三年，并且连续三年参与辅导出了总冠军，对于这个比赛，我算是有深入了解的。

本章讲十分钟的培训师比赛，选手如何胜出的内容，不仅仅适用于"我是好讲师"大赛，也适用于所有十分钟的微课比赛。因为培训的底层逻辑，是相通的；各类比赛的评估标准，也是类似的。

第一节
要玩，先搞清规则

这是起码的要求吧，参加一个比赛，先要搞清楚玩法。有的选手，让人觉得莫名其妙，什么标准都不清楚，稀里糊涂就去参加比赛了。

先看一下比赛的评分标准。以"我是好讲师"大赛为例，其他的比赛，标准大同小异。

选手姓名及编号		参赛课程			评委签字		
一级评价指标	二级评价指标	权重	评估等级				单项评分
形象	仪容仪表	5分	□优5分	□良3~4分	□中2分	□差2分以下	
形象	肢体语言	5分	□优5分	□良3~4分	□中2分	□差2分以下	
演绎	语言表达	10分	□优9~10分	□良7~8分	□中5~6分	□差5分以下	
演绎	教学设计	10分	□优9~10分	□良7~8分	□中5~6分	□差5分以下	
内容	适用程度	10分	□优9~10分	□良7~8分	□中5~6分	□差5分以下	
内容	专业深度	10分	□优9~10分	□良7~8分	□中5~6分	□差5分以下	
内容	逻辑结构	10分	□优9~10分	□良7~8分	□中5~6分	□差5分以下	
内容	视觉呈现	10分	□优9~10分	□良7~8分	□中5~6分	□差5分以下	
场控	提问反馈	10分	□优9~10分	□良7~8分	□中5~6分	□差5分以下	
场控	场面把控	10分	□优9~10分	□良7~8分	□中5~6分	□差5分以下	
场控	时间把控	10分	□优9~10分	□良7~8分	□中5~6分	□差5分以下	

从评分表里可以看出来，总分100分，内容占比最多，40分；场控其次，30分；演绎是20分；最后是形象，10分。

内容一定是占比最重的，然后是培训师对整个过程的把控。这也是我对培训的理解。舞台技巧、肢体语言属于锦上添花，永远不能喧宾夺主。

一、内容

课程内容理论创新，联系实际，实用性强；具有深度；逻辑严谨；课程 PPT 质量上乘。内容包括四个方面：适用程度、专业深度、逻辑结构、视觉呈现。

1. 适用程度

课程内容与工作密切相关，符合实际应用需求，适合企业内部推广；有丰富的企业内部相关的案例、数据等信息，企业内部专属性高。

适用程度的评分标准如下：

优：课程内容密切地联系学员的工作实践，直戳学员的工作痛点，且能够巧妙穿插企业内部的典型性、代表性案例。

良：课程内容较好地联系学员的工作实践，较多使用企业内部相关的案例、数据等信息。

中：课程内容与学员的工作实践有一定关联，使用少量的企业内部相关的案例、数据等信息。

差：课程内容与学员的工作实践关联度弱，几乎没有使用企业内部相关的案例、数据等信息。

关于适用程度，提醒参加比赛的培训师，你选择的主题，一定，一定，一定，是市场上有需求的！

这个需求，可以分两个角度。一是有 B 端需求，就是企业有内训的需要。每次比赛，评委人都是来自名企的企业大学校长、人力资源/培训总监。他们很在意你设计的这个课程，是不是企业方有需求的。二是有 C 端需求，就是个人用户有需要。你的课，至少是有一个市场，哪怕这个市场目标群体很小，都没有问题。

在 2019 年"我是好讲师"大赛中，来自某个赛区的一个女选手，总决赛之前通过大赛平台选了我做导师。她综合素质很不错，但参赛主题是"如何正确打喷嚏"。辅导过程中，甚至到了全国总决赛的赛场，我都建议她换主题。如何打喷嚏，这完全没有市场需求，实际工作和生活中，你把这个课讲给谁听呢？

我说了两次，她都没有采纳我的建议，依然坚持自己的想法。我也就放弃了，比赛结果，当然是一曲"凉凉"。

有需求的课程主题，才有希望。

2. 专业深度

能够对自身工作经验进行充分总结，形成规律、方法、技巧等进行传授，课程内容不仅具有理论高度，或理论创新，而且能够有效解决学员的实际工作问题。

专业深度的评分标准如下：

优：课程内容有理论高度，或理论创新，能够帮助学员举一反三。

良：在课程中能够反映出讲师对专业有独到的见解和深入的研究，能够深入浅出地解决学员的实际工作问题。

中：在课程中能够反映出讲师具备较好的专业能力，能够根据学员的实际工作问题进行适当延伸。

差：课程所呈现的专业知识与技能浮于表面，没有深入剖析和讲解。

无论是平时授课，还是参加比赛，选手一定要选择自己擅长的主题，这样才可能讲出专业深度，有自己独到的见解。

一般的主题，通用类的主题，如果内容里没有点儿独特的东西，毫无胜出的可能。比如每年大赛，都有很多选手讲高效沟通、情绪压力管理、时间管理，等等。

下面坐的那些评委，在这些主题上，讲得比你还好。如果内容里没有新鲜的，更为专业和独到的信息，是不可能征服他们的。

还有关于保险的主题，每年也有很多理财规划师参赛。但据我观察，几乎没有这个主题的选手能够胜出。原因就是，大家都是人云亦云，听不到新鲜内容。专业上不仅仅要有深度，还要有创新。

3. 逻辑结构

课程讲授逻辑清晰，思维缜密，善于总结归纳、抽象概括。

这部分的评分标准是：

优：在课堂上能随时总结和归纳，并能转换成方法论；能把握事物的本质，有效从个体案例中提炼一般规律，并转化为与企业需求紧密结合的教学内容。

良：授课时逻辑清晰，思维缜密；在课程的研讨和练习中，能够迅速进行总结和归纳，分析严谨。

中：课程内容结构清晰，但授课时思维容易发散。

差：课程内容结构不清晰,授课时思维容易发散。

课程的逻辑结构,最重要了。

一个好的培训,不是简单地罗列今天我要讲一二三点。重要的是,这一二三点之间的逻辑关系是什么。

在第一章左脑的部分讲的模型,就是升华逻辑结构的,如果你能造出模型,在这部分就能木秀于林卓然独立,给评委留下极其深刻的印象。

比如,每年都有很多选手,讲"赞美"这个主题。如果你讲赞美的三个原则,是真诚、及时、具体。这就不够好,它们之间的逻辑关系是什么呢?如果我能随便拿第四个词来替代其中的一个,比如用"当众赞美"换掉"及时",你的逻辑结构,就不是完美的,存在漏洞。

4. 视觉呈现

课件模板选择适当,画面风格统一,与讲授内容及所在领域特点相匹配,有一定美感;课件全篇文字字号、颜色运用合理、统一,图表设计美观,搭配自然。

评分标准如下:

优:课件内容经过精心设计,美观精致。通过合理运用图片、音频、视频帮助课程内容的展现,能为学员理解授课内容提供较大帮助。

良:设计简练大方,格式编排科学合理,能为学员理解授课内容提供一定的帮助。

中：能够简单使用图形模板（包含 PPT 自带的 SmartArt 图形模板和其他渠道收集的图形模板）进行构图，能够对格式进行简单编排。

差：只限于知识点的堆砌，缺乏排版设计，无美感，有明显的错别字、格式错误等硬伤。

这项，就是评价你的 PPT 做得怎么样了。我始终认为，这个分数，是最容易拿的，在这项上丢分，是很可惜的。

每次带选手参加比赛，我都要求他们，一定要请 PPT 高手帮你美化课件。10 分钟的比赛，10 页左右 PPT，是比较理想的。

每页上面，字不能太多。能用字，就不用短语，能用短语，就不用句子。能用图表，就不用文字，能用图片，就不用图表。用视频的话，直接插入到 PPT 里，不要用超级链接，更不要退出 PPT，再去打开视频，这都很不专业。

二、场控

现在来看场控，场控有 30 分，仅次于内容。场控指巧妙提问，有效反馈；合理控制时间，针对课堂上出现的异议和突发情况，表现出快速的判断及应急能力，通过有效的引导控制，化不利为有利。场控包括以下两方面具体内容。

1. 提问反馈

根据课程内容精妙设计提问环节，并及时给予学员有建设性的反馈，既调动学员参与课堂的积极性，又强化学员对知识点的理解。

评分标准如下：

优：提问环节设计精妙；反馈具有建设性，使学员深受启发；同时合理运用追问，深化主题。

良：能够恰当设计提问环节，问题较为有力；反馈明确具体，使学员有所收获。

中：提问互动设计较为生硬，问题质量一般；仅作"谢谢""非常好"等简单反馈，对学员关注度不够。

差：在课堂上唱"独角戏"，没有提问互动环节设计，现场气氛沉闷，学员无精打采。

提问需要注意这样两个要点。

第一，尽量别向评委提问。评委很忙，你在讲课时，他们都在专注地评分，很可能没有很专注地听你的问题。再者，万一回答不上来，也尴尬。

第二，要现场找托儿。为了做好互动，避免冷场，比赛时要提前找好托儿，你提问，确保下面有人互动。托儿可以是亲友团，也可以在比赛前，和现场其他选手做好沟通，到了提问环节让他们支持一下。

2. 场面把控

对课程进度、互动式教学法组织、异议处理、突发情况控制合理，善于吸引学员注意力，学员感觉舒适。

评分标准如下：

优：巧妙处理培训过程中出现的混乱或冲突，既确保培训工作的正常进行，又照顾了学员的情绪，让学员在课堂中产生的抵触情绪降至最低。

良：合理控制时间进度和内容进度；案例、练习、讨论、游戏等互动式教学法组织过程条理清楚、指令明确；在现场能采取较细腻的方式来平息混乱或化解冲突，确保培训工作的正常进行。

中：基本控制时间进度和内容进度；案例、练习、讨论、游戏等互动式教学法组织过程条理基本清楚、指令基本明确；现场出现混乱或冲突，往往采取压制的方法。

差：课程明显超时，或过早结束课程；案例、练习、讨论、游戏等互动式教学法组织过程条理不清楚、指令不明确；现场出现混乱或冲突，往往采取忽视的方法。

场面把控，核心点有两个。

第一，各种互动的指令清楚。

指令不清楚，场面就很可能控制不好。比如提问之后，要求大家举手作答，还是口头直接回答；小组讨论是几人一组；讨论多长时间，讨论出什么样的结果；游戏该怎么做等等。

第二，时间把控。

一般培训师比赛，时长是 10 分钟。超过 10 分 20 秒，或者低于 8 分 30 秒，都是要扣分的。

所以我对带过的选手，要求他们必须写逐字稿。一字一句背好，把所有时间涵盖在里面，包括游戏互动时间，问答时间，等等。全部授课时间控制在 9 分 40 秒左右，加上现场突发的情况或互动，10 分钟也能结束。

那些总决赛取得佳绩的选手，无一例外，之前都做了大量练习。很多成绩一般的选手，都没有认真备赛。直到总决赛开战，稿子还没确定，台词还不熟，那站到台上，不就完了！脑子里一直在想词，何谈从容淡定啊？

三、演绎

演绎指善于运用声音技巧，轻松带动现场气氛，有效影响学员情绪和思路，并产生强烈的吸引力；教学设计合理，教学方法丰富。演绎包括两个指标。

1. 语言表达

普通话标准，语音清晰，声音有力，快慢得当，抑扬顿挫，有效运用声音改变情绪，加强感情效果。

评分标准如下：

优：富有魅力、用语精巧、引人入胜，能够让学员如痴如醉。

良：快慢得当、抑扬顿挫、语言生动，能够抓住学员注意力。

中：吐字清晰、表述流畅、措辞准确，能够让学员理解接受。

差：发音不清楚，表述不流畅，声音单调，使用"口头禅"。

这个部分，主要指声音和发音。比赛中，那些声音有魅力的选手，是占便宜的。这个方面，参赛的选手，可以找一些训练声音的老师或者课程学习一下。发音主要是平卷舌，这个不好克服。那么怎么避免出现错误呢？方法是，提前备好稿子，练习时找观众听，观众指出的部分，要么刻意练习念对，要么就把容易出错的字删掉，改成容易发音的字词。

另外，适当用些成语或者金句，能起到画龙点睛的作用。我们会发现很多培训师，讲课时语言太碎，太生活化，絮絮叨叨，没有重点。适当用几句成语或者金句，来替代没完没了的表述，做点睛之笔，可以显示出培训师的内涵。

口头禅，可以通过录音和录像两种方式，自己回听和回看避免。

2. 教学设计

能够根据教学目标及学员特点，采用灵活多样的教学方法，教学方法有创新点，极大地激发学员的学习热情。

评分标准如下：

优：契合目标学员特点，有新颖、精妙的教学设计；课程很好地做到凤头、猪肚、豹尾。

良：举例、类比、案例、视频等教学设计较为得当；开场、结束环节设计较为合理，并能够及时对各单元知识点进行小结。

中：有基本的举例、类比、案例等方式的运用；有简单的开场、结束环节设计。

差：只采用了纯讲授式一种教学方法，教学方法单一；没有开场、结束环节的设计。

这个部分，要注意三点：

第一，开场和结尾的设计，要很讲究。

开场如凤头，可以用提问、故事、视频等方式引入，抓人眼球。结尾可以用排比、故事、富有哲理的话语收场，意味深长。

开场，一定，一定，一定，不能太长。不管你用什么方式，1分30秒都要进入正题了。我们遇到过太多的选手，前面铺陈太多，三四分钟还没讲正文，十分拖沓。

大部分课程，都会遵循 why-what-how 的结构展开，就是我为什么要讲这个主题，我要做什么，以及怎么做。不管什么主题，在 why 的部分，都不用讲太多时间。大家更关注的是，我们要做什么，以及怎么做。

举例说明，你讲会议管理这个主题，why 可以忽略。谁都知道会议管理很重要，不然会浪费时间和金钱，你就没必要在这个部分，再讲很多。讲情绪管理，都知道情绪管理很重要，都知道管理不好后果严重，你就可以一带而过，直接到方法和工具的部分。

第二，演绎手段要丰富。

10分钟微课，麻雀虽小，五脏俱全，和一个大的培训一样,也要综合运用多种演绎方式。在前面的文章中讲过,正规的培训,8分钟,要换一种授课方式。那10分钟的培训呢?3分钟,你也得换一种手段。

视频、故事、案例分析、小组讨论、学员练习、游戏交叉使用,才会显得丰富多彩。

一般来说,10分钟可以采用1-3-3-2-1的分配方式。选手用1分钟来开场和引入,说个名字就行,不用花时间做自我介绍,更不用在首页PPT上放太多的经历、学历、资历。你再牛,也牛不过台下坐着的评委,除非你的介绍里,有能够凸显你在这一主题上的权威方面的内容。

接下来,用3-3-2的节奏,介绍你的核心内容。如果你的内容,分三个要点,这部分的时间,可以根据你的要点,灵活分配,可以是3-3-2,也可以是2-3-3,还可以是3-2-3,都可以。总之,即使是三个要点,也不要平均分配时间,重点要突出,详略得当。

最后用1分钟,来总结并结尾。

第三,要注意演讲和培训的区别。

这点,很重要。演讲和培训的区别,很大,很大,很大。

10分钟的培训,很多人都认为,是偏演讲的。这没错,偏演讲,但不是演讲。说他偏演讲,是指培训师在台上的每一句话,每一个动作,都是提前设计好的,和我们平时在课堂上的培训相比,随意性和即兴发挥性差很多。这和演讲的背台词很像。说他不是演讲,因为演讲只是培训的手段之一。培训是左脑和右脑的结合，而演讲更多是激发听众的右脑，调动听众的情绪，或激动，或悲伤，等等，只是培训的手段之一。

我印象很深的是，2019 年"我是好讲师"大赛，江西一个选手总决赛选我做导师。她非常擅长演讲，声情并茂，讲到动情处，听众会感同身受，潸然泪下。

我给她的反馈是，要平衡一下，更多在左脑方面下点儿功夫。因为培训，光给学员情绪上的触动是不够的。感动之余，还是要给干货的，学员听完，要能带走东西，这是左脑的功课。比赛结果，她的成绩，还行，但没有特别突出，无法走得更远。

和她一样，每一年，都有特别擅长演讲的选手，在"我是好讲师"大赛上折戟沉沙。演讲，只是培训演绎方式的手段之一，而不是全部。

四、形象

穿着打扮得体大方，情绪饱满，能够吸引学员注意；身体语言丰富、协调、自然。形象分，只有 10 分，在标准里占比不多。它包括两个方面：

1. 仪容仪表

穿着打扮得体大方，精神饱满，整体形象健康、整洁，给人干练、自信、专业、有亲和力的感受。

评分标准如下：

优：仪表端庄，自信亲和，具有专业讲师的风采。

良：着装、化妆得体大方，精神饱满，充满活力。

中：着装、化妆基本合适，展现一定的活力自信。

差：仪容仪表不够规范，精神面貌不够积极主动。

这项，只有5分，说明在比赛中，不是很重要的。一般来说，男讲师穿西装、正式的衬衣，打着领带，穿正式的皮鞋，就行了。西装或衬衣要熨烫好，别有太多褶皱。而女讲师，穿职业套装，比较保险。

那些讲特别主题的，像茶道、花艺、舞蹈、周易等，可以穿着特定的服装，和讲授主题相符就可以。

评委们，一般不会在这个方面太关注。

2. 肢体语言

站姿挺拔、端正，表情自信、自然，具有亲和力，与学员眼神交流，走位合理，手势有力，与语言的配合到位。

这方面的评判标准如下：

优：眼神、表情、手势、走位与声音紧密结合，浑然一体，收放自如，自成风格。

良：眼神照顾全场，表情自然，手势轻松恰当，走位合理，引导学员注意力。

中：与学员有一定的目光接触，使用手势配合讲解，但不够协调，略显生疏。

差：很少注视学员，面部无表情，很少使用手势，很少离开原位，弯腰驼背。

这方面，那些之前有过授课经验的老师，因为经常讲课，肢体语言运用就更娴熟和自然一些。

而那些没怎么站过舞台的选手，可以在比赛之前的几个月里，多去各种俱乐部练习。或者找有经验的培训师，在人家面前讲，听取反馈，并及时纠正。

以上，是对"我是好讲师"大赛评分标准的解读，正如我前面说过的，其他类型的培训师大赛，评分标准大同小异。因为，比赛也好，平时讲课也好，对培训师的评价，也不外如此。

每一个选手，参加比赛之前，一定要吃透这些规则。逐一地对照每一条评分标准，看看自己做到没有。那些很容易得高分的项目，比如着装、PPT，做到不要丢分。其他有难度的项目，看看怎么能得高分。

把规则吃透，不要搞那些没用的邪门歪道。比如试图去提前认识评委，这个你做不到。别说选手，我们这些各个城市的比赛承办方，这些总决赛导师，我这个总决赛导师团团长，都做不到。因为评委来自五湖四海，我都不认识。评委们在哪个赛场执掌赛事，提前也不知道，都是临时抽签。

也不要在比赛过程中，试图送些小礼物。每次比赛，都有选手开讲之前，自己或者让助手，给评委们送小礼物。比如有航空公司的选手，会送评委小的飞机模型。还有选手，会送小钥匙链等等。这都没用，不会给评委们的评分，带来任何影响。你给评委发放的东西，一定是和培训内容有关的，比如培训过程要用到的道具，或者工具。无关的东西，都无用。扎扎实实把培训准备好，才是王道。

第二节
比赛胜出的四条秘籍

想要在培训师大赛上胜出，必须掌握四条秘籍。

一、不落俗套的主题

通常，培训分三类主题：知识、技能和态度。就我个人观察，技能类主题更受评委的欢迎，在比赛中胜出的可能性更大。

知识类主题，偏向普及。态度类培训，偏向务虚。讲完之后，听众觉得没有收获到东西。

技能类培训，哪怕你讲"会议管理""向上汇报的三个步骤""如何做好年终总结"这类很普通的主题，评委都会觉得有价值。

之所以技能类培训更受欢迎，是因为有工具和方法。成年人培训，不好忽悠，讲太多大道理没什么用处，人们总是期待能解决问题。

比如前文提到的 2019 年"我是好讲师"大赛的选手薛晨菁，在总决赛第一天分赛场，讲"会议管理之会前管理"，就给听众发了一张"会前管理盘点表"，大家就可以在组织一场会议之前，一项项按表上内容盘点、打勾，保证了会前准备到位。评委们对这个工具给予了高度评价。她顺利胜出，拿到赛场第一名，杀入第二天冠军争夺赛，并拿到季军头衔。

所以，即使你选择了情绪压力管理这类，偏态度类的主题，在过程中，也要给出具体的、可操作的有效方法。具体来说，培训主题的选择要注意三点。

1. 有用

这是起码的要求，无论是下面的评委，还是听众，得觉得你分享的东西对他们是有价值的。如果是企业，可以采购你的课程去做内训。如果是个人，听你的课会有收益。所以像前文提到的那个选手，讲如何正确打喷嚏，这就不行了。无论企业还是个人，对这个主题，都不会很感兴趣。

主题有需求，但需求范围太窄，也有风险。比如 2019 年比赛，我辅导成都一个女选手，她讲的是音乐解压。这个主题有需求吗？有，但市场需求太狭窄了。她形象气质很好，音乐专业出身，各种风格的歌曲张口就来，在比赛过程中也播放了缓解紧张情绪的音乐，演绎手段很丰富，但成绩一般。

如果确实你从事的行业很特殊，平时讲课的对象群体就狭窄，那怎么办呢？也要试着泛化，也就是把内容扩展到对普通老百姓也受益。

像 2019 年我辅导的一个选手，是机场安检辅导员。她讲的主题是"爆炸物的识别"，内容包括爆炸的原理、爆炸物的外形等等。听众原本是机场安全人员，普通听众对这个主题就没感觉，我就让她在培训的后半段补充上一段：老百姓候机或乘机，在面对不明行李或物品时，该怎样应对。这样，下面的听众就感受到了联结，觉得这是和他们有关系的。

还有一个安徽的选手，讲"企业裁人需要注意的法律风险"，是站在企业角度，讲给企业负责人和人力资源从业者听的。我建议他后面加上了，作为企业普通员工，怎样识别劳动合同里的陷阱。现场听众就有了收获，觉得这个讲师，不光维护企业方，也在乎个体的权益。

2. 聚焦

10 分钟的培训，主题一定要小，要聚焦。

我们不是去说明一个课程，介绍我有一门多么了不起的课，都包含哪些内容，框架是怎样的，等等。而是切切实实，在 10 分钟内，讲明白一个东西。所以如果你上来，主题是"销售的六脉神剑""有效沟通的七个原则""培训师的八个修养"，基本上就死翘翘了。内容太多，你根本无法在短时间内讲清楚，每个地方都蜻蜓点水、浮皮潦草，就剩"唰唰唰"翻 PPT 了。

比如你讲"会议管理"就不好，这个主题太大、太庞杂了,改成"会议管理之会前管理",就聚焦了。你讲"培训师的个人品牌塑造"就不好,也是太大、方方面面、林林总总,改成"培训师如何做好社群运营",就聚焦了。

我记得2018年"我是好讲师"大赛,天津赛区比赛时,有个女孩儿的参赛主题是"职场礼仪之电梯礼仪",讲得很好,按照等电梯、坐电梯、出电梯的结构,一步步展开。最终,她拿到了天津赛区的季军。

后来去参加全国总决赛,她就把参赛主题改成了"有效沟通的六个步骤"。看到她的PPT,我给建议说这个主题太大,你讲不透,重点不突出,远远不如电梯礼仪那个更聚焦。那个选手没有采纳我的建议,结果总决赛成绩很不理想。

2019年"我是好讲师"大赛总冠军吴强,在第一天的分赛区比赛里,讲的是"MTV自我介绍"。就讲一个自我介绍,是有价值的,点也够小。

"培训开场的三种方式""时间管理的三个技巧""培训如何结尾"等,这些主题都可以只聚焦在一个点上,讲清楚、说明白。

3. 新颖

新颖指的是前人未讲,或者是前人讲过,但我讲的有新内容。

前人未讲这个很挑战,每年的培训师比赛,雷同的主题比比皆是。时间管理、保险理财、有效沟通、情绪压力管理,俗不可耐。太阳底下没有新鲜事，你涉猎的主题，估计前人都碰过了。一旦你有勇气、有能力，讲一个新鲜的主题，那评委一定会青睐有加。

2019年"我是好讲师"大赛，西安赛区的选手李娜，在第一天的分赛场比赛时，讲的是"'三言两与'讲好企业文化"，这个主题就很棒。企业文化每家企业都讲，但不容易讲好，以前也没有选手敢碰这样的主题，那评委就愿意听，实用又新颖。她顺利拿到分赛场第一，杀入第二天的冠军争夺赛，拿到了全国十二强的好成绩。

前人讲过的，你再讲，就得有新内容。讲时间管理，你不能再讲时间管理矩阵，那个是个培训师就知道的四象限。讲情绪压力管理，你也不能再讲情绪管理ABC。整个比赛过程中，可以有过往的、陈旧的知识点，但一定要有一部分内容，是最前沿的，评委和观众没怎么听过的。

这是比赛胜出的第一条秘籍：不落俗套的主题。我们需要做到三点——有用、聚焦、新颖。

二、模型化课程结构

培训恒久远，模型永流传。这是在本书第一章左脑的部分，我一直强调的话。真的不夸张，比赛能够取得佳绩的选手，在课程设计上，不仅仅逻辑清楚，一般都把课程逻辑、模型化了。用视觉化的方式，将课程逻辑简洁、清晰地呈现出来。

在第一章里，我举了足够多的例子，这里再分享一个，就是刚刚提到的，西安赛区选手李娜，她参赛的主题是"'三言两与'讲好企业文化"。

她是我的弟子，参加西安赛区比赛之前，她找我辅导。那时候课程要讲的内容有了，但没有模型，显得有些零散，杂乱无章。在我的建议下，她最终创造出了这个"三言两与"车轮模型：

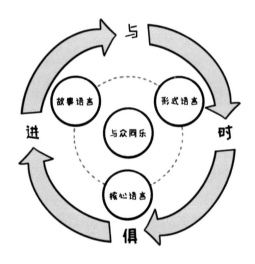

意思是，我们在公司内部讲企业文化的时候，围绕"与众同乐"，借用核心语言、故事语言、形式语言，与时俱进，不断迭代和升级。

核心语言，就是提炼核心关键词，比如阿里的使命是"让天下没有难做的生意"，关键词是"难做"，阿里旨在帮助商业世界建立信任机制，因此搭建了一个买卖双方的交易平台。

故事语言，是用讲故事的方式，宣讲企业文化。讲企业发展历史上，那些振奋人心的故事。

形式语言，就是在讲企业文化时，用游戏等创新方式来潜移默化地渗透，而不是一味地枯燥宣贯。

以上是"三言"。而"两与"，贯穿"三言"的外循环是"与时俱进"，也就是授课过程中，所用到的资料、视频、故事、案例，都需要是当下的或者近期的，不能"年代久远"，同时也要与学员的时代相匹配。内在驱动是"与众同乐"，公司的文化和员工息息相关，让他们感受到公司的文化不止对公司的发展有益，如果认真践行，对员工自身也是有益处的。

这就是"三言两与"车轮模型，不断滚动。一个十分难讲的企业文化主题，因为展示了模型，给评委和听众留下了十分清晰而且深刻的印象。这就是模型，而且是原创模型的力量。

那些优秀的选手，大都用模型，结构化了课程的逻辑。这才是培训师中的高手，高高手。

三、多元互动的演绎

这也是就课程本身而言，能够胜出的第三条秘籍。刚才第二条指的是左脑，这条主要指的是右脑。

同样的课程，给你模型了，不同选手演绎出来的效果，也大不相同。

综合这几年，带选手参加比赛和做导师辅导选手，我有一个强烈感受，那些四平八稳的演绎方式很难胜出。

2018年"我是好讲师"比赛，有一个广州的选手，刷新了我的认知。全国总决赛之前，她在大赛平台上，选了我做导师。她的参赛主题是"如何治疗颈椎病"。我完全不看好这个主题。因为我有多年企业经验，觉得这个主题，怎么会有人听呢？

网络辅导的过程中，甚至是全国总决赛的前一天，线下面对面辅导，我都对这个选手，没抱太大希望，也没怎么上心。

结果，让我大跌眼镜。总决赛第一天分赛场比赛，她击败了整个赛场其他29名选手，拿到了第一名！从而进入了第二天的冠军争夺赛。

后来我总结和反思，这么一个平淡无奇的主题，她能够获胜，应该是胜在了现场的演绎。

她讲治疗颈椎病，现场互动做得特别好。比如邀请学员上台，和她一起做颈椎操。还教大家可以时不时左右摇动颈椎，她在屏幕上，打出了几行大字，字是向左旋转九十度的，观众只能歪着脖子才能看明白。

比赛的结尾，她编了段治疗颈椎病的顺口溜，也是向左旋转九十度，打在屏幕上的。她邀请评委和全体观众，和她一起朗读，就出现了很好玩的一个场面：全体人员，向左歪着脖子，和她大声念。

哈哈哈，很好玩。她将一个如此不起眼的主题，以全员互动的形式演绎了出来。

再比如前面提到的，讲企业文化的李娜。在讲到"形式语言"时，她说会用游戏的方式，来讲团队合作，讲团队成员间的相互信任。

这时候，她拿出几根铅笔，分发给评委，说自己可以用一根手指，将评委两手平拿的铅笔劈断，问评委相不相信。评委两两之间试了试，结果劈不断，就表示不相信。结果，李娜走上前去，让一个评委拿好铅笔，她举起右手食指，迅速劈下，啪的一声，铅笔应声而断！

在评委惊叹声中，李娜总结了劈铅笔的秘诀，并引申了这个游戏背后的含义，团队成员间的信任等等。这个演绎的方式，打动了评委，她不仅顺利拿到赛场的第一名，并且拿到了当场的"最佳设计奖"。

这是我总结的第三条秘籍，多元互动的演绎。每个参赛选手，都要用心设计，在自己的课程中，至少有一个亮点。

也就是，我凭什么能够胜出呢？在确保左脑逻辑的基础上，我有什么亮点，可以打败其他选手，给评委留下深刻印象，博得他们的好评。

我擅长讲故事？

我擅长做游戏？

我擅长带讨论？

我擅长说笑话？

……

总之，得有特别之处。四平八稳，是出不了太好成绩的。

四、借助外脑

以上三条秘籍是关于课程本身的。最后分享一条课程之外的胜出之道，那就是借助外脑。外脑包括比赛的导师、其他培训师等等。

借助外脑，听导师的话。

每次的培训师大赛，是选手之间的比拼，从某种程度说，更是导师之间的比拼。

拿"我是好讲师"大赛为例，现在各个城市赛区、行业赛区，组织得都很规范，比赛时，会组织选手提前磨课。还会给选手分组，指定导师给予辅导。在这个环节，你跟的导师，至关重要。建议选那些实战派的，也就是企业培训经验丰富的老师跟随。

这个解释一下，没有看不起高校老师、学院派老师的意思。我只是从比赛评判的倾向性角度分析，各种培训大赛的评委，大都来自企业大学，或者社会上知名的自由讲师。他们评判的标准，注重有效、实用、演绎方式灵活。

如果在地区初赛，你恰巧被分到学院派老师辅导，那也要主动去连接实战派的导师，或者到社会上找一些自由培训师朋友，听听他们的建议。

到参加全国总决赛的环节，导师的作用就更不言而喻了。总决赛的导师，都是在培训师这个行业里，有一定地位和影响力的人。

他们可能就是你要讲的主题的专家,随便给你些辅导,就会提升你课程的档次。举例来说,2019年季军薛晨菁,能够在总决赛第一场获得第一名的成绩,是因为我给了她辅导。当时她讲"会议管理之会前管理",这是一个不容易出彩的话题。她在网上选了我做导师,看了她的课件后,我建议说,你讲会议管理这种技巧性的课程,一定要给工具。我随手把自己以前讲会议管理的课件分享给了她,并附上了课程中会用到的工具表格。薛晨菁立刻把这些和她之前的内容有效融合,在总决赛中完美呈现,顺利杀进了冠军争夺赛。

即使导师不懂你讲的主题,导师毕竟授课经验丰富,可以提出针对性问题,帮助你优化课程的设计。

"我是好讲师"大赛,最终的冠军PK赛,哪是选手的比赛啊,本质上就是导师的比赛。

第一天分赛场比赛的晚上,各赛区的第一名抽签,来决定第二天的选题。也就是一个晚上的时间,选手要准备五分钟左右的培训,在不允许使用PPT的情况下,第二天面对四五百人,在舞台上完美呈现。

这个晚上,大多数选手都是蒙的,基本全靠导师去破题,去指引方向了。能拿到分赛场第一的选手,都是人中龙凤,驾驭课程的能力很强。这就考验导师了,你给什么,选手第二天就讲什么。这不是比选手,完全是比导师。

导师的知识储备、破题能力、建构模型的能力、设计演绎手段的能力，等等，一个晚上，都会受到考验。每次总决赛，选手和导师都会彻夜难眠，通宵达旦，皓首穷经，共同迎接凌晨四五点的晨光。

我建议选手们，相信导师。你本身的实力，决定着比赛成绩的下限；而导师的实力，往往决定着你比赛成绩的上限。除了主导师之外，也可以多咨询其他培训师的意见。

我印象特别深的是，2019年"我是好讲师"大赛冠军吴强，在冠军争夺赛前一个晚上，和我分析了两个来小时，构建了基础模型的同时，在各个微信群里，向其他的培训师请教。

众人拾柴火焰高，足够的头脑风暴，极大拓展了他的思路。

关于如何在培训师大赛中胜出，就写到这里，一共分享了四条秘籍。希望对有意参加各种比赛的培训师有帮助。

培训行业那些事儿

这是本书最后一章了。

我们来聊聊培训行业那些事儿，会谈到怎么成为培训师，什么培训赚钱什么培训不赚钱，怎么野蛮生长，成为年薪百万的培训师，等等。

需要声明的是，尽管我在企业里做了 15 年培训管理，自己又创业做了 4 年自由讲师，有近 20 年的从业经验，但以下的内容，还是一孔之见，难免偏颇，各位选择性阅读。有失客观的地方，请原谅我的视野狭窄、见识粗鄙。

第一节
如何成为培训师

我遇到很多年轻人，都对培训师这个职业感兴趣，因为大多数人，都有分享、影响他人的情怀。在回答如何成为培训师之前，也就是探索路径之前，得先回答另一个问题，你是不是适合做培训师。先看一张图：

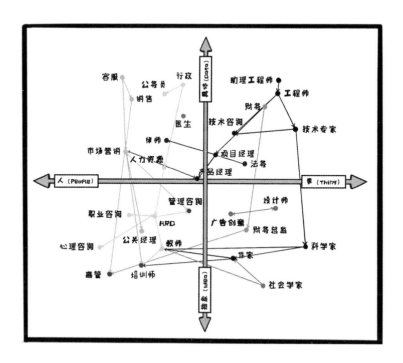

这是一张关于如何选择职业的，快速诊断图。

我们先看横坐标：越往左面，越关注人。你喜欢和人打交道，沟通、互动、影响。越往右面，越关注事情。你喜欢完成任务，达成目标和结果。这样，你可以把自己划分到左右。

再看纵坐标：越往上面，越关注具体数据。你喜欢流程和程序相对固定的，少变化的事物。越往下面，越关注抽象的概念。你喜欢宏大的话题，经常思考人为什么活着。这样，你又可以把自己划分到上下了。

结果，你就落在了某一个象限里。而该象限里的那些职业，你都是适合的，同时那些职业，对从业者的素质要求也是类似的。而相同颜色的点和连线，意味着什么呢？意思是如果你想转行，往同颜色连线的职业上过渡，是相对容易的。比如，客服、销售、市场影响、公关经理之间，比较容易转行。

这张图，特别适合给大学毕业生的职业选择做参考，也适合高中生填报志愿。当然，同样适合那些想做职业转型的人。

那么，培训师落在哪里呢？对的，就是左下角这个象限。通常，培训师喜欢和人打交道，喜欢思考更宏大、深刻的概念。这个象限里的职业，对人的素质要求是类似的，也反映了这些职业从业者的喜好有些雷同。比如很多人力资源经理都喜欢做培训、做职业咨询和心理咨询。甚至很多人，还去考了心理咨询师证书。

如果你落在了这个象限，是相对容易成为培训师的。因为本身的喜好和擅长的能力，与培训这个职业的要求比较匹配。

当然，落在其他象限，不是绝对不能成为培训师哈。但是从事的也可能是更专业的培训。例如，你落在了右上角，本身是个技术专家，干了多年之后，也可以将经验总结，做本专业和行业的培训师。我认识的几个做精益生产的培训师，之前都是做技术的。

好了，回答完适合不适合，我们再看怎么成为培训师。在培训师市场上，大致只有两类培训师。

第一类，是专业主题培训师。 大概占培训师数量的一半

吧,他们出来讲课,基本只讲一个专业领域的课程。比如:

- 销售技巧
- 质量管理
- 供应链管理
- 项目管理
- 运营管理
- 人力资源
- 财务管理
- Office 技巧
- 礼仪服务
- 保险理财

……

专业主题的培训师,之前在企业里从事的工作,就是他后面讲的主题。比如做了多年人力资源经理的出来讲非人力资源经理的人力资源。之前的金牌保险销售员,出来给其他保险理财从业者讲保险理财。当了多年空姐的,出来讲礼仪服务。我有好几个弟子,之前都是空姐,现在出来做了自由讲师,专讲服务礼仪。这些人,积累了丰富的行业经验,之后稍微接受一下 TTT 之类的培训,就可以出来讲课了。

这类专业主题的培训师,我总是建议,要在企业里做到比较高的职位再出来,怎么也得做到经理、总监。同样都是讲销售课程,总监出身的人,可以讲大客户管理、谈判技巧,一天课酬一两万。而一个销售主管出身的培训师,充其量讲个客户拜访技巧、4S 门店管理,课酬也就是三五千。

你在企业和行业里的职位,决定了成为自由培训师后的段位和课酬。

第二类,是通用主题培训师。占据了培训师数量的另一半，他们讲的主题比较宽泛，涉及的是通用能力。比如：

- TTT 培训师培训
- 商务演讲
- 有效沟通
- 时间管理
- 结构思考力
- 团队管理
- 领导力
- 情境领导
- 高效能人士的 7 个习惯
- ……

这类培训师，大部分是企业人力资源从业者、培训经理、企业大学校长出身，在企业里并没有其他更专业的职业经历。

我就属于这类，之前在外企工作，一直做的就是培训，最高做到一家美资企业的大中华区培训发展总监，负责培训管理。所以 2016 年出来单干后，我讲的都是通用能力课程，包括我的版权课职场幸福课。其他更专业的主题，我完全驾驭不了。

基本上，市场上就这两类培训师，成长路径我说得也很清楚了。偶尔，有弟子问我："师父，如果我想做培训师，去培训机构做助理怎么样？比如我去你的培训公司，你讲课我去帮忙，未来是不是更容易去讲课？"

这条路径，我一般是不推荐的。因为培训机构助理的核心工作是辅助培训师，安排行程、打印资料、维护课堂秩序，不太容易听听课，后面就去讲课了。企业客户，还是很看重培训师之前的职业背景的，甲方出身，有实战经验，做到较高职位最佳。乙方，也就是培训机构的助理出身，是没什么说服力的。

我一般都建议他们直接去甲方，做培训管理。如果没有经验人家不要，去不了，再考虑去乙方做助理，曲线救国，积累点儿培训方面的知识和经验，再跳去甲方。

那么，你如果已经成为企业内训师，或者自由讲师，下一步的出路是什么呢？

企业的内训师，或者培训管理者，如果不愿意干了，可以横向去到人力资源的其他模块。具备领导能力的话，有可能成为人力资源总监。不过就我观察，一般从培训这个模块出身的人，不太容易成为人力资源总监。人力资源总监，大多是从招聘或薪酬模块上来的。

如果在培训这条线上一直做，成为OD，也就是组织发展经理，是很有可能的。现在很多大公司，都设了OD一职，培训主管比较容易被升到这个职位。组织发展比培训的概念更大，除了培训，还包括人才储备等内容。培训做到一定高度，也可能成为企业大学校长，负责整个公司的学习体系。如今大的公司，都有企业大学了，比如京东、百度、海尔等等。

企业大学的薪水，那就厉害了。前一段时间收了一个弟子，他说他们公司的企业大学校长，年薪是180万。这个薪酬，是大多数自由讲师，望尘莫及的。那自由讲师呢，未来出路怎样？如果真是热爱讲台，比如像余世维那样的，国外一些教练大师那样的，七八十岁，依然可以站在讲台上。

但对于大多数培训师而言，年龄大了，面临着讲不动的窘境。那一般有两个出路：

第一，是成为咨询顾问。也就是接一些长程的咨询项目，比如人力资源项目，平时在家办公，隔段时间去客户那里汇报一次项目的进程。这样既能保持体力，又能保证收入。

第二，就是成为培训公司老板。积累了一定客户资源之后，培养或者招聘几个讲师，自己不出去讲课了，请其他讲师去讲课，自己从中间抽成。

第二节
培训师可以赚多少钱

回答这个问题之前，我们先来看看，培训这个行业都有哪些角色。角色大致有四种：培训师、经纪公司、培训机构、终端客户。

首先是培训师直接对接终端客户。那些比较有名气和影响力的讲师，会被客户直接请去讲课。这样的好处，当然是全部课酬都归培训师所有了，没有中间商赚差价。大多这样的培训师，都注册了一个小公司，目的只有一个，给客户开发票。公司只有一个人，提供一条龙服务，培训师本人，就是那条龙。这类培训师，比较自由，能够自主安排讲课和出差计划。挑战是，知名度要足够大，这样才能吸引足够多的客户，一段时间很忙，一段时间又很闲，朝不保夕。

第五章
培训行业那些事儿

更多的培训师,是要与培训机构合作的,由机构推荐给终端客户。这样的话,就有中间商赚差价了。而且这个差价,一般是五五开,也就是一天课酬,培训机构要拿走50%,甚至是60%,因为机构要负责发票、培训师的差旅、授课所需资料打印,等等。这种合作方式的好处是,培训师比较省心,不用去做销售开拓市场,不用烦心来安排差旅行程,培训机构把这些都给搞定了。

刚刚从企业出来,没有太大知名度和影响力,企业不会直接请,也没有固定培训机构来合作的培训师,可以走经纪公司这条路。

最近几年,经纪公司越来越火。它们手里签了大量培训师,以刚刚从企业里出来投身于市场的培训师为主。培养和打造他们,然后推荐给培训机构,再由机构推荐给终端客户。经纪公司是不直接和终端客户合作的,它们的客户是培训机构。比如我是培训公司,有个常年合作的企业,找到我要一个销售的课程。我这里没有合适的老师,就去找经纪公司提需求,从经纪公司推荐的老师选一个,再推荐给客户。

经纪公司的存在,给刚出道的培训师提供了有利的渠道和平台,来进入这个行当。我有十几个弟子,目前都是跟经纪公司签约的。北京有个弟子,已经是某经纪公司明星讲师了,前几天看他朋友圈说,2019年全年讲了200多天课,进入了明星讲师俱乐部。公司还组织这些明星讲师去了迪拜旅游,享受专机,入住七星帆船酒店,各种高规格待遇,跟做微商的有一拼，羡煞旁人啊。

当然，这种合作方式，讲师的课酬有限，因为中间经过了经纪公司、培训机构两道中间商。想要多赚钱，唯一的方式，就是多讲课。

说完了培训行业四种角色，培训师、经纪公司、培训机构、终端客户，我们来看看培训师，到底能赚多少钱。

1. 初级培训师（3千元到5千元）

这类培训师，大概是出来讲课三四年，基本课酬是每天三五千元，在不同城市略有差别，但差别不大。

当然课酬，不能单从讲课年限看。有的讲师，在知名企业服役过，也做过较高的职位，一出来讲课，每天就可以赚到8千元到1万元。

我在沈阳有个弟子，在一家公司做培训，去年有机会签经纪公司。要签约的同时，接到了阿里的一份offer，两者之间做选择的时候找我来咨询。我毫不犹豫建议她选择阿里："你从一家普通公司出来讲课，充其量一天5千元，即使逐年递增，涨幅也不会太大。到阿里工作几年出来，起码8千元或1万元起啊。"

2. 中级培训师（6千元到1万元）

到了培训师市场，讲个五到八年，课酬可以到每天6千元到1万元了。中国市场大部分培训师，课酬是七八千元一天。

能够赚到 1 万元一天的，已经是不错的培训师了。

3. 高级培训师（1 万元到 2 万元）

培训师市场上，我是说正经培训师市场，而不是成功学那类讲师，能够一天赚一到两万元的老师，已经是很牛的培训师了。

这样的培训师，大致分为两类。

第一类是曾经的企业高管，在企业中做到过副总，甚至是总经理的人。行业的经验极其丰富，实战经验无人能敌，物以稀，自然就贵。

第二类是只讲一门课的老师。也就是十几二十年，就聚焦在一个主题上，心无旁骛，铁杵磨成针，十年磨一剑。在专业深度上，罕有敌手。也就是一提某某老师，我们就知道他是讲 TTT 的。一提另一个老师，我们就知道他是讲时间管理的。一提另一个讲师，他是讲……十几门课的，他基本到不了这个层级。

我还发现一个规律，敢跟培训机构要 1 万 5 千元一天的老师，也就是机构加完价，他的课可以卖 3 万元一天的老师，基本都是在他所讲授的主题上，出版过专著，以专家的身份出现在课堂上。写过书，意味着在这个主题上，你做过深入系统的研究，而不是东拼西凑别人的一些概念随便攒一个课。没有出版过专业书籍的培训师，课酬基本会在上一个档次徘徊，也就是 6 千元到 1 万元，讲再多年，也很难涨上去。

书籍，是培训师最好的背书。毕竟，在客户和学员的眼里，能写书的人都不是一般人。

4. 特级的培训师（2万元以上）

这类培训师，基本上不和培训机构合作了，直接面对终端客户，课酬一天是3万元左右，属于培训师市场，金字塔尖上的群体。我本人，就属于这个行列。

这类培训师的特点，就不仅仅是只讲一门课了，而且往往是某一个主题或领域的开创者。即使是讲TTT这样随处可见的课，他开发了带有个人特色和属性的专门TTT课程，并且持续在这个领域钻研，有不止一本专著出版。也很可能会开版权课的授证班，将他的研究推广给更多的培训师。

如果有济世情怀，还会开山收徒，把他的智慧，传承下去。老师很厉害，又能带出厉害的弟子，那这个老师，最厉害了。

想到达这个境界，绝非一日之功。大约，得在培训这个行业钻研二十年。

第三节
什么样的培训比较赚钱

培训师是个有情怀的职业，赚钱不是，也不应该是我们的首要追求。但是，同样投入时间在讲课上，如果能带来更为丰厚的收入，何乐而不为呢？

我们先来看看那些不太容易赚到钱的培训。这里，可能会得罪某些培训同行，希望谅解，只是我的一孔之见。

1. 心理咨询

有很多的人力资源经理，都喜欢心理咨询这个领域，去考心理咨询师，读心理学硕士研究生，希望未来能够兼职，或者全职做心理咨询和培训。这个领域，很难有经济回报，原因有二：

第一，心理咨询得科班出身。

心理咨询，是个很专业的行当，绝对不是业余去参加个培训班拿个证，或者读个在职研究生，出来就能做咨询和培训的。这和其他医生一样，得科班出身，本科、研究生，都得是心理学专业。我看到身边，能靠心理咨询和培训养活自己，赚到钱的，都是这样的。半路出家那些野路子，举步维艰。

第二，看不到明显的市场需求。

不是科班出身，如果市场需求足够大，也能弄个假证骗骗人。问题是，心理咨询在中国又不是一个大众能接受，有了问题愿意找专家求助的行业。老百姓有困惑，更多愿意找朋友、找闺蜜倾诉，而不愿意找心理医生。看身体的病，花个千八百的，人们认可。咨询个心理的病，花几百块都难受。

情况正在改善，但没有那么乐观。或许有朝一日市场需求会足够大，但大多数人会死在路上。所以这个领域慎入，不当主业挣钱,做副业爱好为佳。

2. 职业生涯

在几家职业生涯培训机构的引领之下,很多人有了做职业生涯培训师的想法。这个培训领域,有两个挑战。

第一,要看资历。

无论是培训还是咨询,都要看培训师和咨询师资历的。如果老师个人职业经历不够成功,或者咨询与培训经验不够丰富,哪里来的说服力呢?

这就像去医院看病,我们会倾向选择老医生,因为他们见多识广。我们看到很多想从事职业生涯的人,也就刚工作个三五年,职场经历平平,很难让来访者或者学员产生信任感。

第二,企业引入课程时比较慎重。

毕竟是敏感的话题,除了特别开放、发展前景看好、愿意让员工与公司共成长的企业,大多数企业引入这个课程时都会有所顾虑。万一你给员工讲明白了,大家都跑了怎么办。

那如何开发出员工喜欢,又能消除企业顾虑的生涯课程,就是对该领域讲师最大的挑战了。

不过也别悲观,如果你已经投身到这个领域,并且自己也强烈喜欢,还是有出路的。

第一,去专业机构做培训师。

也就是到那些,在这个市场上著名的培训机构里,做专职或兼职培训师。爬到金字塔的塔尖儿上去,给有这方面需求的人力资源从业者、高校负责学生辅导的老师、爱好者做培训。上面提及的心理咨询培训师，也可以走这条路径。

第二，找到细分的刚需市场。

学习了职业生涯相关的知识或技能，找到细分的刚需市场。比如去给高校老师培训，去做高考志愿填报辅导，去帮求职者修改简历，等等。比如我有几个弟子，前几年都是学习职业生涯，最近切到了高考志愿这个领域，已经成为这个方面的专家了。找不到刚需的市场，就很难在学习后获得回报。

3. 正面管教

这几年，亲子关系越来越受到社会的关注，正面管教一类的课程，雨后春笋般应运而生。但对大部分该主题的培训师而言，想赚到钱都有挑战。

原因是B端和C端都没有稳定的客户来源。B端（企业方）不太会把这种课引进做内训，因为和企业运营关系不大，也就偶尔在三八妇女节，请个老师给女员工做个讲座。而C端（个体用户）大部分付费意愿较差，即使面临亲子问题，也不愿意花太多钱上课。你组织个亲子沙龙，收一两千块，就没什么人报名了。收一两百块，连场地和茶歇的费用都弥补不了。

这个领域，也有能赚到钱的老师。比如我有个天津的弟子，就搞这方面培训，她是给正面管教培训师做培训的老师，也就是老师的老师，这就可以了。这和去职业生涯培训机构做培训师，爬到金字塔尖上，教职业生涯规划师，是一个道理。

4. 视觉引导

视觉引导是培训领域的新兴产物。也就是培训师在上面讲课，视觉引导师在旁边，腰上挂个袋子，里面插满彩笔，在墙上的大白纸上作画，把老师讲授的核心内容画出来。有些视觉引导师，也为大型的会议或者论坛服务。

这个行当的出现，是和学员更关注课程的右脑有关，图画嘛，是激发右脑的。我有几个弟子，这几年在视觉引导学习上，花了好几万块钱。

我粗鄙之见，不是很值得。原因是，市场对这个行当没那么重视。一个培训师讲一天课，客户愿意付一万块，那你画一天画，付你多少报酬合适呢？超过两千，客户都觉得心疼。还有就是，视觉引导这门技术，是需要绘画基础的。很多这类培训，都宣称不用绘画基础，教给你些基础线条和图形，谁都可以画。我用实际体会证明，这是不可能的。我学过两次这个课程，画出那玩意儿，连自己都看不下去。

这是个投入和产出严重不成比例的行当。如果你真的感兴趣，我不建议你专门搞视觉引导，而是把它作为授课的一个手段。就相当于第一章里我写到的小组讨论、案例分析、角色扮演一样的授课手段。授课时，边讲授，边在墙上随手画图，以更丰富的、视觉化的方式传递课程内容。课间和课后，学员们上来拍拍照，就挺好。

5. 思维导图

思维导图这些年也挺火的。不过重要性被夸大了。对于大部分人而言，思维导图就是个梳理结构，或者增强记忆的工具而已。

想要从事思维导图的培训，就得下大功夫。我认识两个这方面老师，一个在苏州，一个在北京。前一段时间，我还介绍北京的这位老师，去到西安一家公司做思维导图培训了。她们俩的共同特点，就是投入了足够的金钱和时间，来学习思维导图，都拿到了英国东尼·博赞中心的授权讲师证书，不仅能够出去讲思维导图，还可以给学思维导图的人讲课和授证。

我要表达的，已经很清楚了。前面提到的五类培训主题，心理咨询、职业生涯、正面管教、视觉引导、思维导图，都不容易有经济回报。想要有，就得花钱、花时间，成为金字塔尖儿那个群体，成为可以培训那个领域学习者的培训师。不然，就一瓶子不满半瓶子晃荡了。

如果因为自身条件的限制，或者不想投入那么多，就别把它们当赚钱的主业，当业余爱好就好。

6. 教练技术

教练技术也是这几年在中国培训市场上大行其道的课程。我本人从2011年开始学习，算是中国比较早学习教练技术的一批人了。想通过教授教练技术赚钱，有两个主要挑战。

第一，资历很重要。教练也是要看资历的，尽管人们宣称只要掌握了发问的技巧，我们可以给任何人做教练。理论上是这样，但如果教练对象对你的资历和身份没有高度认同感，就产生不了信任啊。尤其是给企业高管做教练，你都没做过高管，那些高管凭什么信任你呢？

第二，落地有难度。市面上的教练技术，更多内容是走心的，经常会和来访者探讨："你的价值观是什么？你想成为什么样的人？"那引入到企业的时候，就会遇到挑战。企业很务实，就关注目标的实现，至于你想成为什么样的人，没人在乎，你爱成为什么样的人成为什么样的人。如果想要讲教练技术，就需要整合，把里面最实用的内容拿出来，以企业能够接受的方式演绎，帮助客户解决实际问题。

在这个方面，我狭窄的视野范围里，行动教练是做得最好的。该教练流派两个创始人，也是我的朋友。他们就把教练技术里，最实用的适合东方人的概念和工具提炼了出来，得到企业的广泛欢迎，目前拥有大量的客户。不出意外，行动教练将是教练领域里，最受欢迎的流派之一。

7. 断舍离

你应该听过这个主题吧？老师教你先从对生活物品的依赖和占有做起，断绝不需要的东西，舍弃多余的废物、脱离对物品的执着，再达至心灵及精神的简单、纯粹。

这方面最有代表的人物，是日本的山下英子。这类主题，怎么会有市场呢？

我讲课经常提起，有一个五十多岁的朋友，他跟我说："鹏程，我余生，就死磕断舍离了。"我回答他说："你磕死也没用。"

前两年，他还经常在朋友圈分享，在这里或那里搞了断舍离沙龙。从图片看，环境十分优雅，要么是禅房，要么是茶室，要么是咖啡厅。但每次从图片看，参与者寥寥，10个学员都不到。这一年，朋友圈里，再也看不到他分享这类信息了。估计他把断舍离这门课，也断舍离了。

8. 身心灵

这个和断舍离类似，但比断舍离更神乎其神。环境营造得往往也更到位，大师白衣飘飘，仙风道骨，信徒虔诚恭敬，诚意十足。

2012年我在上海参加过一次这样的活动。一屋子人，端坐在地上，通过视频，和远在印度的一对大师夫妇连线。据说那天，是全球宇宙能量最高的一天，信徒们和大师一起，接收宇宙的能量。过程中，有人号啕大哭，有人开怀大笑。而我，可能因为好奇多于相信，没有什么特别的感受。

那天带我去参加活动的朋友，去过好几次印度，每次交两万来块钱和大师学习。我有个弟子，还曾经花了近二十万，到新加坡参加这类培训。前一段时间，有个弟子咨询我，想去跟随一个大师学习，未来也走这条道路。以我的见识，实在是理解不了。

前面几种主题的课程中，教练技术、断舍离、身心灵，这三种主题课程，我是不建议大家在三十岁之前接触的。

我是坚定的马斯洛的信徒，相信他的需求金字塔模型。我们还是先要务实，在满足生理和安全需求的基础上，再去追求精神层面的超越和超脱。心智成熟之后，接触和了解一下，是无妨的。

这三个领域，中国培训师，我是说正经的，传统的培训师，是很难赚到钱的。赚到钱的，都是国外的大师。或者是，把大师引进到中国来的人。普通的讲师，去碰这三个主题的课，凶多吉少。

说完了什么主题不容易赚钱，我们再来谈谈什么样的课程是赚钱的。赚钱的课程，一般有如下三个方面特征。

首先，从市场领域看，一定要有需求。

我们每个培训师在设计一门课程的时候，都不能闭门造车。我特别喜欢这个主题，就花时间去设计，结果曲高和寡，市场并不需要，只能敝帚自珍了。

像 TTT、有效沟通、时间管理、团队管理这些课，虽然烂大街了，是个培训师都能讲，但它们有需求啊，而且只要有职场人士存在，需求就生生不息。所以你开发的课程，必须要找到一个市场，哪怕这个市场很小，都没有关系，我就服务好这群人，就可以了。

我从 2016 年，就一直讲一门课，职场幸福课。因为我看到，幸福是人们越来越关注的主题。目前职场里，很多人都过得不快乐，幸福感很低。而企业也越来越关注员工的幸福感，幸福感对员工的绩效有至关重要的影响。果不其然，这门课开发出来，得到了国企、外企、私企，包括公务员系统在内的各类组织的欢迎。

其次，是你擅长。

这么多门课，市场都有需求，那你到底擅长讲什么呢？有哪一门课，你讲起来，就是比别的老师讲得好呢？这个问题很重要。它关系着你有没有可能成为某一个主题的翘楚，还是流于平庸，成为一个可以讲好多门课，但哪一门都讲不太好的培训师。

这个要根据你自身的素质和曾经的行业背景，从业经验来判断，到底哪个领域是你擅长，别人无法轻易超越的领域。

最后，有模型。

这本书，反复提到模型这个概念，是不是听得耳朵都起茧子了？

是的，TTT这个课程，市场足够大，碰巧，你也很擅长讲。那么，为什么人家一定要请你讲，而不请别的老师讲呢？或者，人家愿意花两万一天请你，而不花八千随便找个别的老师呢？毕竟，可以讲这个主题的老师还有很多。那其中很重要的原因，是你有没有自己原创的东西，能不能构建出课程的独特的模型。毕竟，在培训市场上，能够独立创造模型的老师凤毛麟角。

比如，我的职场幸福课，其实就是个职业素养课，市面上比比皆是。但是我构建了独特的"职场幸福钻石"模型，让这个课程，瞬间就有别于其他同类课程了。自成体系，逻辑无比清晰，把课程大纲发给客户方，很容易就能从多个竞争对手的方案中脱颖而出。

所以，要把模型这个概念深深印在你的脑海深处。行走坐卧，无时无刻不在思考。短时间内，或许没有产出。酝酿时间足够长，没准儿哪天，像阿基米德在浴缸里泡澡想明白浮力原理一样，一个令人惊艳的模型，就浮现出来了。

第四节
培训师如何做到年薪百万

我是做培训的，所以朋友圈里有好多培训师。我经常在朋友圈里看到他们发要举办培训师训练营，让学员能够年入百万的信息，我通常都忍俊不禁。就我对他们的了解，自己都达不到年薪百万，怎么教别人呢？

的确有培训师可以赚到年薪百万。第一类拼课量，即使单日课酬就5千元，我一年能讲200天课，也可以赚到百万。第二类拼课酬，我课量不多，一年也就讲50天课，可是单日课酬能到两万，那也可以挣到一百万。

我跟大家分享三条秘籍，助你能够早日实现年薪百万的目标。

一、讲好课

讲好课，才能讲好课。这一点，太重要了。同样是花时间，我们要学习和讲授那些好的课程。何为好课？就是有自己独立的模型、课程体系，并且经得住时间和市场考验，经久不衰的课程。

想要成为优秀的培训师，要舍得花钱啊。你随便看看周围那些目前做得还不错的培训师，出道之前，谁没有投入大量的金钱去学习？没有足够的输入，哪来的输出呢？

知识是有价的，得养成付费获取知识的习惯，付费快速获取知识的习惯。

有时候特别好玩，会有人在我的微信公众号下面留言："王老师，我觉得你培训特别厉害，很想和你学习。"我回复说："好啊，要不要交 4980 元拜师费？就可以终生和我学习了。"然后，然后就没有然后了。哈哈哈，4980 元都不愿意付出，我难以想象，他会花更多的钱去学习更好的课程。他的进步和成长速度可想而知。

二、勤磨练

找机会，在公司内部，或者各种俱乐部，去讲课、去分享，大量做练习。

这点对于北上广深大城市的学员来说，很容易，因为大城市有各种俱乐部。包括二线城市也有很多，比如头马、拆书帮、AACTP 培训师俱乐部。

那小一点城市的学员怎么办呢？建议，有俱乐部就去参加，没有，你自己建立一个。这样，你不但有锻炼的平台了，还能成为这个俱乐部的创始人！

三、会包装

培训师，是包装出来的，包括我，你相信吗？在这里，给你三条自我包装和推广的方式。

1. 提升学历

我估计，没人给你提过这个建议，因为很多培训师都没关注过这个。如果你上过一些课，注意一下培训师 PPT 首页的自我介绍，就能明白我的意思了。

动不动就是香港什么大学、美国什么大学的硕士或博士。在目前的培训行业，学历还是挺被看重的。

我很早就意识到了这一点。2000 年，我从中国农业大学的英语专业毕业，2003 年，就开始在天津大学读管理学在职硕士。我是觉得，读个管理学，对我后面的培训事业有帮助。我花了两年时间，拿到了管理学硕士。

2011 年，我在苏州一家美国半导体公司工作，忽然对心理学产生了兴趣。觉得拿个心理学硕士学位，可能会给培训师的背景增加分量。于是我就报名了北京大学在上海交大搞的在职心理学硕士班。当时还有另外的选择，上海的华东师范大学，也招心理学硕士，而且听说华东师大心理学很厉害。但是我还是选择了北大的，为什么呢？因为在普通学员的心中，北大的牌子，肯定比华东师大的响亮。

不管怎样，培训师的学历很重要，这是包装的手段之一。我总是建议弟子们，时间和经济条件允许，去读一个相关的拿得出手的硕士学位。

2. 出书

出书无疑会提升培训师的影响力，是包装的手段之一。

很多人一听写书，脑袋就大了，这太难了。其实不难，你想想，一本书 10 万字就可以出版。你一周通过微信公众号，或者在其他地方，写一篇关于你讲授课程的主题，或是研究的领域的文章，就写 2000 字的话。一周一篇，一年 52 周，是不是就够一本书的体量了。一周一篇 2000 字的文章，这有何难？

那你可能接着问，我能写，可是怎么出版呢？出书也没多难，只要出版社对你的书籍主题有信心就可能出版。

这种方式，的确对作者的影响力，和书籍的质量要求较高。不然出版社从选题，到编辑稿件，到装帧设计，再到出版发行，费那么大劲，书卖不出去多少，也不值当。

2020 年，机械工业出版社将推出包括我这本书在内的，四本鹏程管理学院弟子写的书。未来鹏程管理学院会有更多更多的弟子,有书籍面世。

说和写,是这个世界上唯一可以提升影响力的两种方式。说,培训师应该没问题了,我们就是靠嘴吃饭的。如果你再能写,那就了不得了。

3. 参赛

刚开始进入培训师这个行业,寂寂无名,那么参加培训师大赛,是个不错的瞬间提升曝光度和知名度的方式。

参加比赛的好处显而易见。比如我的弟子张家瑞,在2017年"我是好讲师"大赛上拿到了总冠军。之后不久,他就从企业辞职,创办了自己的培训公司,专门做商务演讲培训了。他最开始的几批学员,都是被他大赛总冠军的身份吸引来的。我还有两个弟子,因为比赛成绩不错,吸引了经纪公司的目光,未来很有可能被签约。

即使参赛的成绩不是很理想,你也可以通过比赛的平台,认识到一些优秀的导师。这些导师,平时你是很难有机会接触的。培训师比赛,就是大咖的集散地,你可以将他们一网打尽。

所以我鼓励读者朋友们,有时间的话,去参加一些培训师方面的比赛,以赛带练,迅速提升授课的水平。

就像日本艺术家山本耀司说的那样:"'自己'这个东西是看不见的,撞上一些别的东西,反弹回来,才会了解'自己'。"所以跟很强的东西、可怕的东西、水准很高的东西相碰撞,然后才知道"自己"是什么。这才是自我。

跋　三个一，助力培训师快速成长

如今的培训市场，鱼龙混杂，似乎人人都可以做培训师。如果你是企业内训师，或者现在已经是自由讲师了，怎么能够在广阔的市场里脱颖而出，成为叫好又叫座的讲师呢？

这里分享三个"一"，可能会助力你加速成长。

第一，讲好一门课。

讲好一门课的意思是说，只讲一门课。我知道很多培训师，花了很多精力去学习很多课程，但我建议大家，如果你想在培训领域有所建树的话，你应只讲一门课。

比如"我是好讲师"大赛曾经的导师团团长金才兵老师，一提到他，你就会想起TTT。他多年来只讲这门课。再比如提到段晔老师，大家能想到什么课？建构主义课程设计。

这个就是他们身上的标签。你只有做一门课才能将其做到极致。提到我，王鹏程老师，你们能想到什么课？职场幸福课，对吗？自2016年从外企出来创业，做自由讲师，我就只讲一门课，叫职场幸福课。其实，我们这些老师每个人都可以讲十几二十门课，但你会慢慢地发现，大家最终都会聚焦到一个领域。

这是非常重要的，不管是做产品还是做课程，都要做减法。能把一个产品做到极致,就是伟大的公司;能把一门课程讲到极致,就是顶级的培训师。唯有聚焦才能卓越。

再比如,提到2017年"我是好讲师"全国总决赛的冠军张家瑞,我的得意弟子,你们能想到什么课?商务演讲。张家瑞参加完好讲师比赛之后,就把所有的精力都聚焦在演讲这个主题上,只讲这一门课。我相信,假以时日,大家提到张家瑞,一下子就可以在中国的培训市场上想到商务演讲这门课,同意吗?所以建议各位讲师在开始学习的时候,可以上很多很多课,但最后要根据自己的优势聚焦在一个领域,这是我要分享的第一点,讲好一门课。

那问题来了。你是选择了一个主题一门课程精进下去,那为什么同样一门课,机构或者客户会请另外一位老师讲,而不请你讲呢?或者说他请另外一个老师在讲的时候,每天课酬给那个老师是1万元,而给你只有三五千元呢?一个很重要的原因就是,你的个人品牌并没有树立起来。

那怎么样让自己成为机构或者客户比较喜欢的老师,并且课酬能够比较高呢?很重要的一点,就是要出版一本书。

我要分享的第二点是,出版一本书。

在你讲好一门课的基础上,然后要出版一本书,这个非常非常重要。比如说,前文提到的金才兵老师,就出过好几本书关于TTT的书,段晔老师也出过好几本书关于课程设计的书。

这个很重要。如果你没有一本书出来的话,你是很难在培训领域做到比较高端的阶段。如果想成为一个很厉害的培训师，写作是很重要的。每个讲师讲课的时候，其实都是一个自我品牌塑造的过程，而塑造个人品牌只有两条路：第一是能说，第二是擅写。

大多数培训师，"能说"已经可以做到了，接下来就要做"擅写"的工作，所以要出版一本书。但书不能乱写，要和自己的主打课程有关。

比如说我写的第一本书和第二本书，第一本《把每一天，当作梦想的练习》是心灵鸡汤，第二本是职场加爱情的小说《走在梦想的路上》，这些对打造自我品牌有帮助，但对于我讲课没什么帮助。直到我的第三本书出来，叫《职场幸福课：把工作折腾成自己想要的样子》，对我的培训师品牌才是真正有帮助的，因为我现在只讲的一门课就叫职场幸福课。

所以你要写书就要写和培训相关的主题。我开创的鹏程管理学院，现在全国有近700名弟子，我现在已经跟机械工业出版社达成合作，每年会将弟子中有价值的高质量稿件出版，帮他们打造个人品牌。

在前年，我请一个做薪酬的老师代表我们公司去讲课，他当时的课酬一天是8千元。而今年我再请他讲课的时候，他说："王老师，我的课酬涨了，我要1万元了。"我说："为什么呢？"他说："我出书了！"太气人了，谁没出过书啊?!

基本上，在培训市场上，敢跟机构或者客户要到每天1万5千元课酬的老师，都有自己的著作。

最后分享一点，就是——跟对一个人。

这个非常重要，我不管你现在聚焦的主题是哪一个领域，你都要找到你能看到的在这个主题上全国最厉害的老师，跟他去学习。在我们培训的领域很在乎师承关系。有人说过这样一句话：读万卷书不如行万里路；行万里路不如阅人无数；阅人无数不如名师指路。

后面还有一句，名师指路不如自己开悟。但一个人是很少能够自己开悟的，我建议大家不要在培训师这条道路上自己去摸索。你们知道，太阳底下没有新鲜事儿。你思考的主题，前人早已经思考过了，你不要花很多时间去设计一门课程，只要找到对的人，他直接就分享给你了。我们培训师并不生产智慧，我们只是人类智慧的搬运工。

所以要跟对一个人。比如说我在苏州有个弟子，他是讲供应链的，拜了我做师父。我说："你为什么拜我做师父？我又不讲供应链这门课，我是讲通用课程的。"他说："我是被你的人格魅力感染的。"

后来我就建议他，应该找到中国供应链这个领域最厉害的一个老师，课酬应该也是每天三四万元的样子。他跟这位老师去学习，现在呢，我这个弟子已经出师，开始讲供应链的课程了。

所以，我想跟大家讲的就是，如果你们想成长得比较快，就找到这个领域，你觉得最厉害的人跟着他去学。这有什么好处呢？你知道，师父一般都比弟子年龄大，那如果有一天师父不在了，你就是那个领域最厉害的了。

这就是三个"一"：第一个叫讲好一门课；第二个叫出版一本书；第三个叫跟对一个人。

培训师，都是有情怀的人。虽然我们也可以做别的，但最终还是投身到了这个最能够影响人的职业。我常常想，我已经40多岁，我很开心能够选择培训师这条路。因为当我们回首往事的时候，当生命终止，别人对我们的评价，不是一生我们赚了多少钱，谈了多少恋爱，或者生了多少孩子，而是——我们影响了多少人。

希望这三个"一"，能够对你的培训师事业有所助力，帮助你影响更多更多的人。

参考文献

[1] 史蒂芬·柯维. 高效能人士的七个习惯 [M]. 高新勇, 王亦兵, 译. 北京: 中国青年出版社, 2018.

[2] 保罗·赫塞. 情境领导者 [M]. 麦肯特企业顾问有限公司, 译. 北京: 中国财政经济出版社, 2003.